한국
여성사
편지

12살부터 읽는 **책과함께 역사편지**

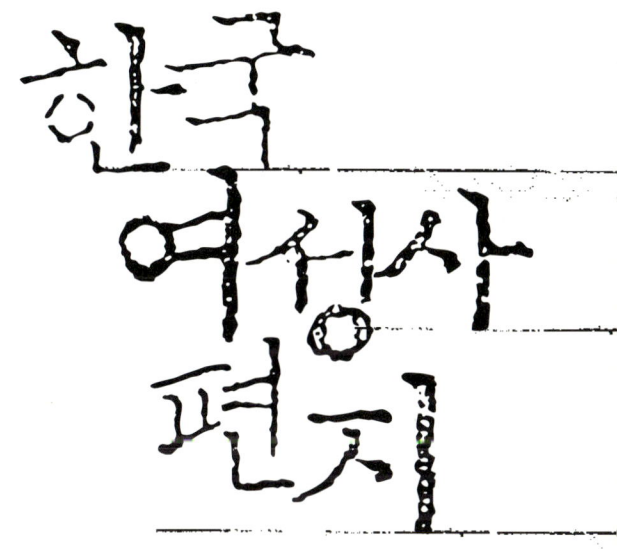

마고할미부터 안티 미스 코리아까지

이임하 글·조승연 그림

책과함께어린이

머리말
사랑하는 딸, 희준이에게

　엄마가 역사 공부를 시작한 뒤 희준이에게 '우리나라 여성의 역사'를 꼭 알려주고 싶었는데, 네가 5학년이 되어서야 이루어졌구나. 왜 우리나라 여성사를 쓰고 싶었냐고? 희준이와 친구들이 읽는 역사책을 보면서 그 속에 여성들이 살아온 이야기가 빠져 있다고 생각했어. 왕이며, 벼슬아치며, 장군 온통 남성들 이야기밖에 없잖아. 왜 그럴까? 분명히 그때나 지금이나 세상은 남성과 여성이 함께 살면서 만들어 왔고, 여성들도 일을 하며 세상을 만드는 데 한몫을 하는데 말이야.

　엄마가 만난 역사 속 여성들은

　여신이기도 하고,

　처음 나라를 세울 때 큰일을 해내고,

　여왕이 되기도 하고,

　전쟁터에 나가 싸우기도 하고,

　가족들을 돌보려고 공장에 일하러 가기도 하고,

　여성들을 억압하는 제도에 맞서기도 하고,

　자신의 능력을 평생 갈고 닦아 세상에 이름을 날리기도 했단다.

　엄마가 여성들의 역사에 관심을 갖기 시작한 것은 아빠와 결혼한 뒤부터야. 결혼을 하고 나니 '여자니까' 해야 하는 일이 많아졌어. '여자니까' 해야 하는 일은 원시인이 지구에 등장하면서부터 여성의 몫이었을까? 당연히, 아니지. 여성의 역사는 여성과 남성에 대해 '자연스러운 것'으로 여기는 것, 뿌리 깊게

박혀 있어서 생각조차 안 하고 있는 것을 찾아내고 문제를 제기하는 거야. 당연하게 생각하고 있는 것을 알아내고 바꾸어 나가는 일은 매우 어렵지. 그렇지만 그 어려움 때문에 모험가가 된 기분이라서 재미있단다.

참, 엄마는 이 책을 아빠에게 선물할 거란다. 아빠도 여성들이 어떻게 살아왔는지 알면 엄마와 우리 딸 희준이를 더 잘 이해할 수 있을 거야. 서로 알아 가려는 노력을 해야 행복할 수 있겠지? 희준이도 남자 친구가 생기면 함께 읽어 봐.

이 책이 희준이와 네 또래 친구들에게 여성들이 '어떻게 살아왔는지'를 알려 주고, '어떻게 살 것인지'를 생각해 볼 수 있는 책이 되었으면 좋겠어.

역사는 꿈꾸는 사람들 것이고, 그 꿈이 바로 우리의 미래를 만들어 갈 테니까.

2009년 엄마가

차례

머리말 **사랑하는 딸, 희준이에게** · 4

1부 선사 시대부터 조선 시대까지 · 10

1 석기 시대의 여성들은 · 13
우리나라에는 언제부터 사람들이 살았을까? · 15
신석기 시대의 여성, 농사를 짓다 · 16
토기도 만들고 천도 짜고 · 18
▶ 모계 사회가 뭐지? · 19
● 세계 곳곳에서 발굴된 여성상 22

2 우리나라 여신 이야기 · 25
창조신, 마고할미 · 27
출산의 신, 당금애기 · 29
곡물신, 자청비 · 32
▶ 산신령은 모두 남성이었을까 · 35
● 그리스와 이집트의 여신 · 36

3 나라를 세운 여성들 · 39
좋은 말을 고를 줄 알았던 유화 · 41
두 나라를 세운 소서노 · 43
새부리 여인 알영 · 45
▶ 하늘에 제사를 지내는 여성 제사장 · 47
● 세상에 악이 생긴 까닭은? · 48

4 활달한 고대 사회의 여성들 · 51
누구와 결혼할까? · 53
베 짜기 경연 대회 · 58
농사와 부역 · 60
우리나라 첫 번째 여왕, 선덕 · 63
▶ 여성들이 앞장서서 받아들인 불교 · 64
가난한 여성들의 전쟁 이겨 내기 · 65
● 원화 제도 새롭게 보기 · 68

5 통일 신라와 발해 여성들의 삶 · 71
왕자를 바라는 신라 왕실 · 73
신라 사해점촌의 사람들 · 74
발해의 공주, 정혜와 정효 · 77
발해 여장군, 홍라녀 · 80
● **발해의 흥미로운 풍습들** · 83

6 남성이 장가드는 나라, 고려 · 85
아버지가 갓, 신발, 종이를 남긴 까닭은 · 87
다양한 가족 구성원 · 89
고려 시대 여성의 지위 · 92
▶ 고려 여성들의 유행 · 93
● **금강산 찾아가기** · 94

7 원나라의 사위가 된 고려 · 97
금혼령이 내려지다 · 99
귀족 여성 염경애를 만나다 · 102
농부 아내의 탄식 · 106
● **고려병과 설렁탕** · 108

8 여성이 시집가는 나라, 조선 · 111
신사임당의 친정살이와 '친영제' · 113
여성은 재혼할 수 없다고? · 116
사랑채와 안채 · 119
"여성들은 하지 마시오!" · 121
열녀가 가문의 영광이라고? · 123
▶ 고향으로 돌아온 여성 · 127
● **서양의 마녀 사냥** · 128

9 조선 시대 전문직 여성들 · 131
풍속화 속 일하는 여성들 · 133
의술을 공부한 의녀 · 137
조선 시대 공무원, 궁녀 · 140
기녀 황진이를 만나다 · 142
상인 김만덕 · 145
▶ 조선 여성들의 유행 · 149
● **책을 읽고 글을 쓰는 여성들** · 150

2부 근대부터 현대까지 · 154

1 새로운 시대, 변화하는 조선 · 157
집안 살림, 나라 살림의 변화 · 159
서학과 동학 · 161
아무리 여자인들 나라 사랑 모르겠는가 · 165
최초의 여학교 · 167
여학교 구경 가기 · 170
● 통계로 본 여성 교육 · 176

2 일제 시대에 등장한 신여성 · 179
신여성들은 어떤 꿈을 꾸었을까? · 180
▶ 신여성의 자유연애와 자유 결혼 · 183
여성들의 새로운 일터 · 184
의사·교사·기자가 된 여성들 · 187
'와쿠 와쿠 잘 돌아라' · 189
● 을밀대 지붕 위에 올라간 강주룡 · 194

3 독립운동에 나선 여성들 · 197
나랏빚을 갚읍시다 · 198
여성들의 만세 운동 · 200
근우회가 궁금해 · 205
▶ 을사조약에 분노한 여성들, 일본을 도왔던 여성들 · 207
● "우리 앞에 사죄하라!" · 208

4 짧은 해방과 긴 전쟁을 이겨 낸 여성들 · 213
여성에게도 선거권을 달라 · 214
▶ 여자 경찰의 탄생 · 216
할머니의 전쟁 이야기 · 218
전쟁 속에서 어린이들은 어떻게 살았을까? · 222
● '몸뻬'를 입지 않은 여성은 들어오지 마세요 · 225

5 착한 여자, 씩씩한 남자 · 229
- 철수와 영희 · 230
- 보이지 않는 일, 가사 노동 · 233
- 어머니날에서 어버이날로 · 236
  - ▶ 우량아 선발 대회 · 239
- ● 미니스커트와 청바지 · 240

6 경제 성장과 여성의 역할 · 243
- 한 지붕 여덟 가족 · 244
- 독일로 간 간호사 · 247
- 가발 공장의 노동자 김경숙 · 249
- ● "저도 동생을 갖고 싶어요" · 252

7 지금 대한민국의 여성들은 · 257
- 여성의 몸 · 258
  - ▶ 초경 잔치 · 260
- 평생직장은 옛말이라니까요 · 261
- 새로운 이웃 · 264
- 행복을 꿈꾸는 여러 가족들 · 267
  - ▶ 호주제 폐지 · 271
- ● 여성상 바로잡기 · 272

참고 도서 / 사진 자료 제공 · 274

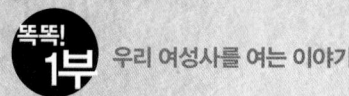

선사 시대부터 조선 시대까지

희준이도 한국사 책을 많이 보았지?

만화로도 보고, 책도 읽어 보았을 거야.

희준이가 읽은 역사책을 다시 한 번 보면서 '여성'들을 찾아보렴.

어때, 여성을 찾았니?

왕이며 벼슬아치며 장군까지 온통 남성들이 주인공일 거야.

엄마도 처음에는 그런 역사를 공부했어.

그러다 뒤늦게 여성사를 공부하고 나서 그때까지 배운 역사를 돌이켜 생각해 보게 되었지.

그리고 알게 되었어.

역사에서 '여성'을 제외시키고 있다는 것을 말이야.

지구에서 가장 약한 동물인 인간이 오늘날처럼 살게 된 것은 함께 힘을 합해 생활했기 때문이야. 공동체 생활은 남성들로만 이루어진 것이 아니고 여성들도 언제나 같이 있었어.

《한국 여성사 편지》 1부에서는 원시 시대부터 조선 시대 이야기를 할 거야.
우리나라 신화도 알아보고, 결혼과 가족 관계, 여성들이 한 일들도 알아볼게.

이제 엄마가 여성들을 역사의 무대로 올려 보려고 해.
엄마가 역사 속에서 만난 여성들을 희준이에게 소개해 줄 생각을 하니까
벌써부터 마음이 설레는구나.

1_석기 시대의 여성들은

신석기 시대에 '혁명'이라고 할 만한 사건이 일어났어. '혁명'은 그 이전까지와는 전혀 다른 엄청난 변화를 말해. 무엇이 엄청나게 변했을까? 바로 농사를 짓기 시작한 거야. 농사를 지은 게 그렇게 엄청난 일이냐고? 그렇고 말고. 농사를 짓기 시작하면서 사람들은 한곳에 머물러서 살게 됐거든. 이건 인류 역사에서 아주 중요한 변화야.

　희준아, 까마득히 먼 옛날을 한번 상상해 볼래? 생명이 태어나고 사람이 살기 시작한 때를 상상하다 보면 거대한 시간의 흐름이 느껴질 거야. 지금 살고 있는 동네는 어떤 모습이었을까? 사람이 살고 있었다면 어떤 사람들이었을까? 동네라고 말할 만큼 사람들이 많이 모여 살았을까? 또 다른 무리 사람들이랑 만났을까? 무엇을 먹고 살았을까? 집을 지었을까……?

　원시 시대 사람들이 어떻게 살았는지 정확히 알 수는 없어. 하지만 남아 있는 동굴 벽화나 유물, 화석을 보면서 조각 그림을 맞추듯이 하나하나 맞춰 보면 그때 사람들이 어떻게 살았는지 알 수 있지.

　우리나라에서도 유물과 화석이 발견되었어. 그 사람들이 어떤 모습으로 어떻게 살았을지 궁금해지는구나. 자, 그럼 아주아주 먼 옛날 우리나라에 살았던 사람들을 만나러 가 보자.

우리나라에는 언제부터 사람들이 살았을까?

평안남도 상원군에 있는 검은모루 동굴에서 돌로 만든 도구와 동물 뼈가 나왔어. 동굴에서 사람이 살았던 흔적이 분명해. 이 사람들을 호모 에렉투스라고 하는데 '똑바로 선 사람'이란 뜻이야. 이때를 구석기 시대라고 한단다.

구석기 시대 사람들은 20~30명씩 동굴에 모여 살았어. 강가나 바닷가에서 물고기를 잡아먹거나 산과 들로 돌아다니며 사냥을 하고 열매도 따 먹었지. 요즘에도 흔히 볼 수 있는 명아주랑 쑥, 고사리나 도라지 같은 식물도 먹었대.

한반도에서 발견한 가장 오래된 사람 뼈는 평양시 역포에서 찾아낸 머리뼈야. 이 머리뼈 주인은 호모 에렉투스보다 나중에 등장한 호모 사피엔스야. 호모 사피엔스는 '슬기로운 사람'이라는 뜻이지. 이 뼈를 역포에서 발견했다고 '역포아이'라고 하는데, 열세 살쯤 된 여자아이야.

지금까지 발견한 구석기 시대 화석을 조사해 보면 평균 수명이 마흔 살쯤 되는데 여성은 수명이 더 짧았어. 마흔 살을

사람이 지구에 등장한 것은 언제쯤일까?

우주에서 지구가 생겨난 게 45억~48억 년 전쯤이야. 상상하기 힘들 만큼 긴 시간이니까 45억 년을 1년이라고 생각해 보자. 사람과 비슷한 동물 무리가 처음 지구에 모습을 드러낸 것은 마지막 날인 12월 31일 오후 5시쯤이야. 이때 오스트랄로피테쿠스가 나타났단다. 오스트랄로피테쿠스는 '남쪽의 유인원'이라는 뜻이야. 가장 처음 발견된 오스트랄로피테쿠스의 뼈는 여성이었단다. 아프리카에서 발견된 이 원시 여성을 '루시'라고 이름 지었어. 루시는 키가 110센티미터, 몸무게가 30킬로그램쯤이었대. 초등학교 2, 3학년 때의 희준이랑 비슷한 몸집이었나 봐. 오스트랄로피테쿠스는 우리 인류의 직접 조상은 아니야. 인류의 조상은 45억 년을 1년이라고 했을 때, 12월 31일 밤 11시 55분에 등장했어. 지구가 생겨난 역사와 견주어 보면 인류 역사는 정말 짧구나.

루시

역포아이

넘긴 경우가 거의 없었지. 원시 시대에는 아마 어려운 환경에서 아이를 낳아 기르는 일이 힘들었을 거야.

지금은 남성보다 여성들 평균 수명이 길어. 우리나라 여성 평균 수명은 82세야. 그러니까 지금 우리는 원시 시대 여성보다 곱절을 더 오래 사는구나.

신석기 시대의 여성, 농사를 짓다

신석기 시대에 '혁명'이라고 할 만한 사건이 일어났어. '혁명'은 그 이전까지와는 전혀 다른 엄청난 변화를 말해. 무엇이 엄청나게 변했을까? 바로 농사를 짓기 시작한 거야. 농사를 지은 게 그렇게 엄청난 일이냐고? 그렇고 말고. 농사를 짓기 시작하면서 사람들은 한곳에 머물러서 살게 됐거든. 이건 인류 역사에서 아주 중요한 변화야.

구석기 시대에는 먹을거리를 찾아 이곳저곳 옮겨 다녔어. 남성들은 주로 사냥을 하고 여성들은 열매를 따거나 식물 채집을 했지. 여성들은 아이를 낳고 길러야 하기 때문에 보금자리에서 멀리 벗어나 짐승을 쫓아다닐 수 없었어. 살아남기 위해 여성과 남성은 함께 열심히 먹이를 구했단다.

날씨가 따뜻해지면서 보금자리 둘레에 먹을거리가 많아지고 한곳에 머무는 시간이 조금씩 길어졌어. 그러다 어떤 장소에서는 해마다 같은 종류의 식물이 자라서 열매를 맺는다는 걸 알게 됐어.

'아! 저 식물의 씨앗을 받아 가까운 곳에 심고 기르면 되겠구나.'

늘 열매를 따던 여성들은 이런 생각을 하고 씨앗을 심어 본 거야. 그랬더니 정말 곡식이 열린 거지. 이렇게 해서 농사가 시작되었어. 사냥을 못 하거나 열매를 못 따면 굶어야 했는데 이제 곡식을 심어서 잘 가꾸기만 하면 굶을 일이 없는 거지.

신석기 시대에는 주로 조나 수수, 피 따위를 밭에 심었어. 우리가 밥을 지어 먹는 벼는 훨씬 뒤인 청동기 시대부터 심기 시작했단다.

토기도 만들고 천도 짜고

음식을 만들어 먹으려면 그릇이 필요하겠지? 신석기 사람들은 강가나 바닷가에 있는 부드러운 흙으로 그릇을 만들어 썼어. 토기는 인류 역사 최초의 발명품이란다. 토기에 찍힌 지문이나 손자국은 여성들

빗살무늬 토기 신석기 시대에 만든 토기는 윗부분이 넓고 아랫부분이 뾰족해. 빗살무늬가 있어서 빗살무늬 토기라고 하는데 우리나라 한강 주변에서 많이 발견됐어.

것이 많대. 아마 여성이 만들었기 때문일 거야.

　토기를 쓰면서 요리하는 방법도 다양해졌어. 불에 굽는 것만 아니라 삶고, 찌고, 끓이는 것까지 다양한 방법으로 음식을 만들 수 있었어.

　토기는 곡식을 담아 보관하는 데에도 썼어. 식량을 보관하면서부터 사람들의 생활도 달라졌어. 앞으로의 생활을 미리 계획하고, 닥쳐올 위험에 대비할 수 있게 된 거야.

　신석기 시대 또 하나의 발명품은 천이야. 천을 짜려면 먼저 실을 만들 수 있는 식물을 기르거나 긴 털이 있는 동물을 키워야 해. 그리고 기구를 만들어서 식물과 동물 털로 실을 자아 천을 짰단다.

모계 사회가 뭐지?

원시 시대에는 어떤 사람들끼리 모여 살았는지 정확하게 알 수 없어. 요즘 부부처럼 짝을 지어 아이들을 낳고 살았는지, 아니면 정해진 짝 없이 여러 사람들이 한데 어울려 살면서 아이들을 낳았는지 알 수 없단다. 그래서 아이를 낳은 어머니가 중심이 되었을 거야. 이렇게 어머니 쪽 혈통이 이어지는 사회를 모계 사회라고 해.

하지만 모계 사회라고 해서 여성이 남성을 지배하지는 않았어. 가족의 우두머리는 여성의 남자 형제나 삼촌이 맡기도 했어. 누가 누구를 지배하는 게 아니라 살아가기 위해 서로 돕고 사는 사회였으니까.

지금도 모계 사회가 있어. 중국의 모소(나시)족은 남성과 여성이 결혼해도 한집에 살지 않는다고 해. 어머니와 아이들만 한집에 사는데 아이들은 아버지가 누구인지 모른대.

희준아, 여기서 한 가지 생각해 보자. 우리는 한집안을 이끌어 나가는 사람으로 아버지를 먼저 꼽는 경우가 많아. 지금은 조금 덜하지만 엄마가 어렸을 때만 해도 모든 일에서 아버지가 중심이었어. 아버지가 중심인 가족 제도나 사회를 '가부장제'라고 해. 어떤 사람들은 가부장제가 인류의 오랜 전통이라고 하는데 사실은 그렇지 않아. 인류 역사에서 보면 모계 사회였을 때가 훨씬 더 길어.

가락바퀴 실이나 천을 만드는 기구는 대부분 나무로 만들어서 남아 있지 않아. 대신 물레로 실을 자을 때 실 뭉치를 걸기 위해 고리처럼 만든 가락바퀴(방추차)는 남아 있어. 가락바퀴는 돌로 만들었거든.

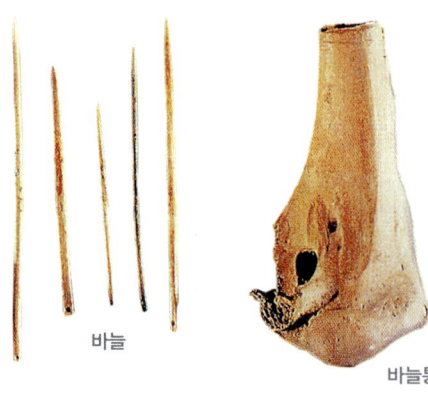

뼈로 만든 바늘과 바늘통 큰 바늘은 길이가 10센티미터쯤이야. 사슴이나 새, 물고기 뼈를 깎아서 만들었다는구나. 석기 시대 사람들은 이렇게 자연을 이용해서 하나씩 하나씩 필요한 물건을 만들어 썼어.

    신석기 시대 사람들은 농사를 짓고 한곳에 머물러 살면서 나무와 풀로 작은 집도 지었어. 이것을 움집이라고 하는데 남성과 여성이 힘을 합해서 같이 지었을 거야. 남성이든, 여성이든 가리지 않고 모두가 팔 걷어붙이고 함께 일을 했어.

    한 마을에 움집이 보통 열 집에서 스무 집쯤 있었는데 마을 사람들이 모두 한 가족이거나 친척이었지. 그래서 이때를 '씨족 사회'라고 해. 마을 사람들은 모두 함께 일해서 모은 식량을 나누어 먹었지. 마을에서 가장 나이가 많은 사람이 우두머리가 되어 마을을 이끌었어. 이때는 모두 평등했어. 마을의 우두머리라고 해서 다른 사람을 마음대로 부리지도 않았고, 남성이라고 해서 여성을 함부로 차별하지도 않았어.

무리 안에서 자기가 맡은 일을 해내며 살았단다. 마을 사람 모두가 살아가기 위해 서로 잘할 수 있는 일을 맡아서 한 거야.

세계 곳곳에서 발굴된 여성상

세계 곳곳에 있는 신석기 시대 유적지마다 여성상들이 발견되었어. 신석기 시대 사람들은 돌을 쪼거나 진흙을 빚어 여성의 몸을 닮은 조각을 만들었지.

● 울산 신암리 여성상
울산 신암리 유적지에서 흙으로 빚은 여성상이 나왔어. 몸통만 남아 있는데 허리가 잘록하고 가슴이 나와 있어서 여성이라는 것을 알 수 있지. 함경북도 청진시 농포동에서도 두 손을 앞으로 모은 여성상을 발견했어.

● 중국의 여성상
중국 우하량(뉴허량)에서는 5천 년 전의 여신 묘를 발견했어. 여신 묘에서 진흙으로 빚은 얼굴, 어깨, 손 같은 파편이 나왔어. 이곳에서 발굴한 여성상은 눈에 푸른색 구슬이 박혀 있고 뺨은 도드라지게 나와 있어. 아래 사진은 발굴한 조각이고, 오른쪽은 복원한 모형이야.

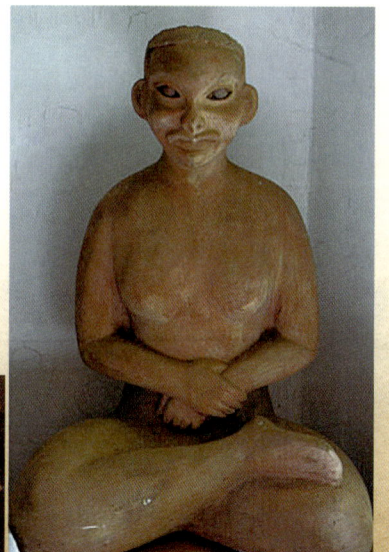

● **오스트리아 '빌렌도르프의 비너스'**

세계에서 가장 유명한 여성상이 '빌렌도르프의 비너스'야. 오스트리아 빌렌도르프 유적지에서 발견됐는데 키가 11센티미터야. 엉덩이와 배, 가슴을 도드라지게 만들어서 꼭 임신한 여성 같아. 여성상을 이런 모습으로 만든 까닭은 여성이 아이를 낳을 수 있기 때문이야. 임신과 출산은 굉장히 중요한 일이었고, 여성이 그 일을 할 수 있었기 때문에 숭배했던 거야.

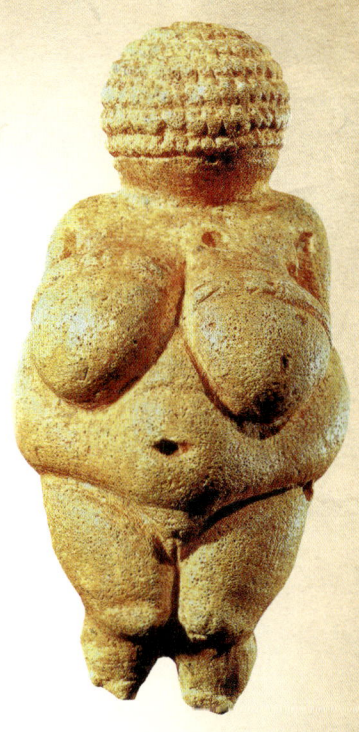

● **터키의 여성상**

터키 차탈휘위크라는 마을에서 발굴된 여성상이야. 다리를 벌리고 있고 배와 배꼽이 튀어나와 있어. 여성이 아이를 낳는 일을 위대하고 신비롭게 여겼다는 것을 알 수 있어.

2_우리나라 여신 이야기

서양의 공주들 이야기와 자청비 이야기는 많이 다르지? 자청비는 자기가 바라는 것을 알고 스스로 노력해. 자청비라는 이름에는 '스스로 원해서 이룬다'는 뜻이 담겨 있다고도 해. 신화에 나오는 여신이 이렇게 씩씩한 걸 보면 옛날 여성들도 씩씩하게 살지 않았을까?

　희준이도 신화 좋아하지?

　희준이는 신화를 책으로 읽고 있지만 원래 신화는 입에서 입으로 전해져 내려온 이야기야. 신비하고 위대한 이야기도 있지만 황당한 이야기도 있어. 희준이가 잘 알고 있는 단군 신화만 보더라도 곰이 사람으로 바뀔 수 없잖아. 옛날 사람들이 황당해서 이런 이야기를 지어냈을까? 그건 아닐 거야. 이야기 속에 숨어 있는 뜻을 잘 새겨보면, 세상이 어떻게 생겨났는지, 사람이 어떻게 생겨났는지, 사람들이 자기 운명을 어떻게 개척하며 살았는지, 옛 사람들의 고민과 생각을 엿볼 수 있단다.

　신화에는 여신 이야기가 아주 많아. 신화에 나오는 여신 이야기를 들으면 그 시절 여성들이 어떻게 살았는지도 알 수 있어. 그럼, 우리나라 신화에 어떤 여신이 나오고 사람들이 왜 여신을 숭배했는지 신화 속으로 들어가 알아 볼까?

창조신, 마고할미

우리 신화에서 세상을 창조한 신은 마고할미야. 안가락 할무이, 설문대 할망이라고도 해. 제주도에 내려오는 설문대 할망 이야기 들어 볼래?

> 설문대 할망이라는 할머니가 있었어. 할망이 어찌나 큰지 한라산을 베고 누우면 발끝이 제주도 앞 관탈섬(제주도 북쪽에 있는 섬)에 닿았어. 빨래도 관탈섬에다 놓고 한라산 꼭대기를 팔로 짚고 서서 빨았어. 할망이 오줌을 누려고 한쪽 발은 성산읍 오조리 식산봉에, 다른 쪽 발은 일출봉을 딛고 앉았어. 그런데 할망 오줌 줄기가 어찌나 센지 제주도 한쪽이 떨어져 나간 거야. 그래서 성산리 앞바다에 작은 섬이 생겼어. 제주도에 많이 있는 오름(기생 화산)은 할머니가 치맛자락으로 흙을 나를 때 치마에 난 구멍으로 흙이 떨어져 생긴 거야.

설문대 할망, 곧 마고할미가 세상을 창조했다는 이야기야. 이렇게 세상을 만든 여신을 우리 신화에서는 대모신(大母神)이라고 해. 대모(大母)는 '큰 어머니'라는 뜻이야. 여성들이 새로운 생명을 낳는 것처럼 여신이 우주를 만들었을 거라고 생각한 거지.

마고할미라고 하니까 여신이 할머니였냐고? '할미', '할망'이라는 말이 붙어 있지만 나이 든 할머니가 아니야. 할머니는 크다는 뜻을 지닌 우리말 '한'과 생명의 뿌리를 뜻하는 '어머니'를 합쳐서 만든 말이야. 그래서 젊은 여신도 할미라고 하지. 예를 들어 삼승할망은 여성들이 아

제주도 오름 제주도에 가면 넓은 벌판에 우뚝 솟은 오름을 흔하게 볼 수 있어. 오름도 이렇게 큰데 마고할미는 얼마나 컸을까?

기를 갖게 도와주는 여신인데 명진국따님애기라고도 해. 명진국따님애기는 처녀신이야. 그런데도 삼승할망이라고 하는 것은 할미(할머니)가 나이 든 여성이 아니라 신성한 존재를 뜻하기 때문이야.

출산의 신, 당금애기

창조신 마고할미 말고 또 어떤 여신이 있을까? '땅의 어머니'라는 뜻의 지모신(地母神)이 있어. 지모신은 생산과 출산을 맡은 신이야. 그리스 로마 신화에 나오는 헤라와 비슷해.

당금애기 이야기는 우리나라를 대표하는 신화야. 당금애기는 지모신으로 지금까지 알려진 것만 60가지가 넘어. 주인공 이름도 당금애기, 당금아기, 당금각시, 제석님딸애기, 상남아기, 시준애기……, 얼마나 많은지 몰라. '당금'은 매우 훌륭하고 귀하다는 뜻이래. 당금애기는 어떤 이야기일까?

당금애기는 얼굴도 곱고 마음씨도 고왔어. 남신(男神)인 시준님이 곱디고운 당금애기 소문을 듣고 집으로 찾아갔지.

시준님은 당금애기가 있는 별당 앞으로 가서 시주를 좀 하라고 했어. 당금애기는 곳간이 잠겼으니 안 된다고 했어. 그런데 시준님이 하늘을 향해 쇠지팡

이를 번쩍 들고 왼발로 땅을 세 번 구르니까 곳간 문이 열리는 거야. 당금애기는 곳간으로 들어가 동냥자루에 쌀을 담았는데 그만 쌀이 땅바닥으로 주르르 흘러내리고 말았어. 당금애기가 빗자루로 쌀을 쓸어 모으려고 하니까 시준님이 이렇게 말하는 거야.

"부처님께 올릴 쌀을 함부로 다루면 안 됩니다. 젓가락으로 하나하나 주워 담아야지요."

당금애기는 땅에 떨어진 쌀을 주워 담느라 해가 저무는지도 몰랐어. 시준님은 날이 어두워졌으니 하룻밤만 재워 달라고 했어. 당금애기가 허락했더니 시준님은 당금애기가 자는 방 한구석을 빌려 달라는 거야. 그러니 어떻게 해. 방 한구석을 시준님에게 내주었지.

그날 당금애기는 구슬 세 개를 삼키는 꿈을 꾸었어. 시준님은 당금애기에게 귀한 아들을 낳을 꿈이니 잘 키우라는 말만 남긴 채 떠났어. 그 뒤 당금애기는 아들 세 쌍둥이를 낳았는데 아비 모를 자식이라고 사람들에게 놀림을 받았어. 결국 당금애기와 세 아들은 아버지를 찾으러 서쪽 나라로 떠났지.

서쪽 나라에서 어머니 당금애기는 삼신이 되었고 세 아들은 제석신이 되었어. 삼신은 아이를 점지해 주고 병 없이 잘 자라게 돌보아 주는 신

제석신 당금애기의 세 아들인 제석신이야. 사람들에게 복을 나누어 주는 일을 하지.

이야. 제석신은 세상 사람들에게 복을 나누어 주는 일을 해.

지모신 이야기는 건국 신화가 나오던 때, 다시 말해 나라가 세워지던 때의 이야기야. 당금애기가 시준님의 아내가 된 것처럼 건국 신화 속 지모신은 천신인 남신의 아내로 나와. 남신이 하늘을 대표한다면 여신은 땅을 대표하는 존재야.

하늘과 땅, 둘 가운데 무엇이 더 중요하다고 말할 수 있을까? 하늘과 땅이 다 있어야 사람이 살 수 있는 것처럼 남성과 여성이 함께 있어야 사람이 온전하게 살 수 있겠지?

곡물신, 자청비

여성이 이루어 낸 인류 최초의 혁명이 뭐라고 했지? 그렇지, 농사를 지은 거야. 그래서 곡물신은 대부분 여성이란다. 자청비는 제주도 신화에 나오는 곡물신이야. 자청비 이야기를 들려줄게.

김진국 대감과 조진국 부인은 늦도록 자식이 없었어. 부부는 부처님께 빌고 빌어 여자아이를 낳았지. 이름을 자청비라고 지었어.
자청비는 빨래하러 갔다가 하늘나라 문곡성의 아들 문도령을 만났어. 문도령이 글공부하러 가는 길이라고 하자 자청비는 그길로 남자 옷으로 갈아입고는 문도령을 따라갔지. 둘은 한방에서 공부하고, 한솥밥을 먹으며 지냈어. 공부를 한 지 삼 년쯤 지난 어느 날, 문도령이 돌아가겠다고 하자 자청비도 따라나섰어.

자청비는 집으로 돌아가려다가 그대로는 못 가겠다는 생각이 들었어. 그래서 "눈치 없는 문도령아! 멍청한 문도령아! 삼 년 동안 한방을 쓰고 남녀 구별도 못 한 문도령아!"라고 잎사귀에 써서 문도령에게 띄워 보냈지. 그제야 문도령은 자청비가 여자란 것을 알고, 자청비와 결혼하기로 약속했어. 그런데 문도령이 하늘로 올라간 뒤 아무 소식도 없는 거야.

자청비는 기다리고만 있을 수 없었어. 문도령을 찾으러 길을 나섰지. 온갖 어려운 일을 겪고 하늘에 올라가 결국 문도령과 결혼했어. 두 사람이 결혼해서 행복하게 살고 있는데 인간 세상에 싸움이 일어났어. 그러자 자청비는 문도령 대신 싸우러 나갔어. 자청비가 싸움에서 이기고 돌아왔는데 문도령과 오해가 생겨 다시 인간 세상으로 내려왔어.

자청비는 인간 세상으로 내려올 때 옥황상제한테 씨앗을 얻어 왔어. 자청비는 씨앗을 가지고 농사일을 도와주러 다녔어. 씨앗을 나누어 주고 밭도 갈아 주면서 풍년이 들게 도와줬지. 이렇게 자청비는 곡물신이 되었어.

희준이가 읽었던 서양의 공주들 이야기와 자청비 이야기는 많이 다르지? 공주한테 어려운 일이 생기면 늘 백마 탄 왕자가 나타나서 구해 주잖아. 공주는 대부분 스스로는 아무것도 하지 않아. 하지만 자청비는 자기가 바라는 것을 알고 스스로 노력해. 자청비라는 이름에는 '스스로 원해서 이룬다'는 뜻이 담겨 있다고도 해. 신화에 나오는 여신이 이렇게 씩씩한 걸 보면 옛날 여성들도 씩씩하게 살지 않았을까?

그리고 자청비가 곡물신이 되는 이야기도 되새겨 볼 만해. 농산물은 금방 뚝딱 만들어지는 게 아니잖아. 씨앗을 심어 열매나 채소를 거둘 때까지 시간과 노력이 필요하고, 적당한 비와 햇빛이 있어야 해. 자청비가 자기 운명을 헤치고 문도령을 만나기까지 고난과 시간이 필요했던 것처럼 말이야. 옛사람들은 농사를 짓는 일과 세상을 살아가는 일이 같다고 생각했던 것 같아. 자청비도 그걸 알았으니 열심히 노력했을 테고. 참 지혜롭고 씩씩한 여신이야.

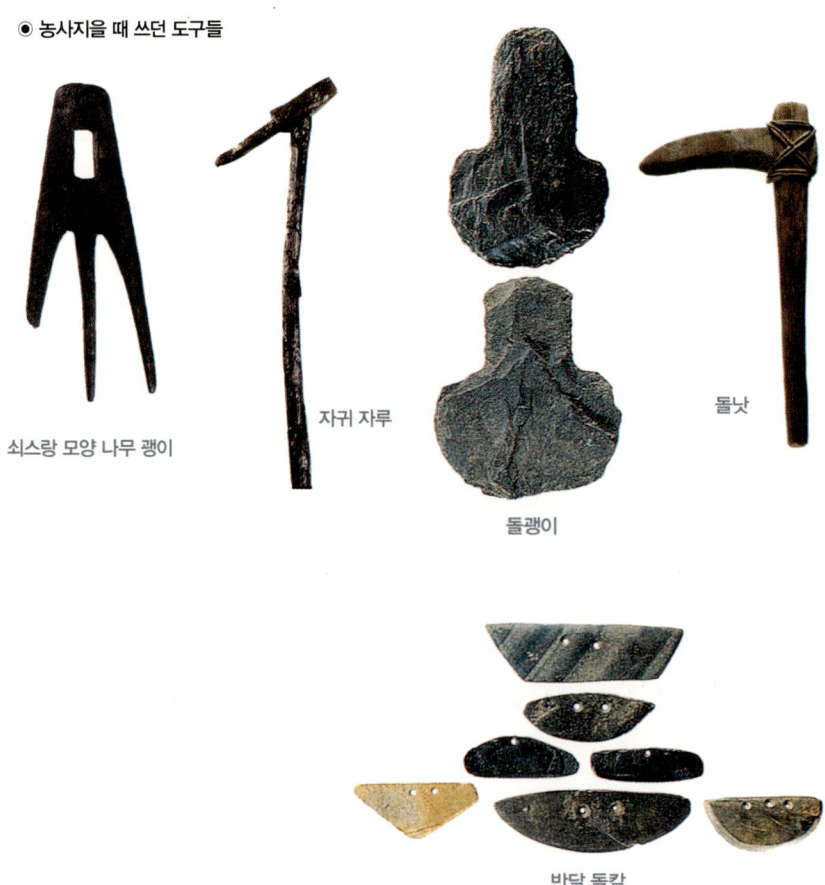

● 농사지을 때 쓰던 도구들

쇠스랑 모양 나무 괭이

자귀 자루

돌괭이

돌낫

반달 돌칼

산신령은 모두 남성이었을까

희준아, '금도끼 은도끼' 이야기 알지? 착한 나무꾼에게는 금도끼랑 은도끼까지 주고, 욕심 많은 나무꾼에게는 아무것도 주지 않았다는 옛이야기잖아. 산신령이 할아버지로 나오고. 이 이야기뿐만 아니라 희준이가 알고 있는 옛이야기에 나오는 산신령은 모두 남성이야. 그런데 산신령은 정말 다 남성이었을까?

옛날 사람들은 산에 마을을 지켜주는 산신이 있다고 믿었어. 산신에는 남성 산신 말고도 산신 아기씨, 산신 할머니 같은 여성 산신도 많단다. 산신이 여성이었다는 것은 산 이름만 봐도 알 수 있어. 모악산, 대모산처럼 산 이름에 '어미 모(母)' 자가 있는 것은 산신이 여성이기 때문이야. 산신은 어떤 곳에서는 농업신이나 사냥신이기도 했지.

여성 산신 이야기는 기록에도 많이 나와 있어. 신라를 대표하는 여산신은 선도성모인데 신라 박혁거세의 어머니라고 해. 보통 나라를 세운 왕의 어머니를 신모(神母)라고 해서 숭배했어.

> 선도성모의 이름은 사소다. 일찍이 신선의 술법을 배우고 우리나라에 와 머물렀다. 사소는 솔개가 머무는 곳으로 와 그곳을 집으로 삼고 그 땅의 신선이 되었다. -《삼국유사》

산신 왼쪽은 지리산을 지키는 여신상이야. 신라 시대의 선도성모라고도 하고, 고려 왕건의 어머니라고도 해. 오른쪽은 조선 시대 후기에 그려진 남자 산신이야.

그리스와 이집트의 여신

🧑 안녕하세요? 어린이 여러분, 오늘은 그리스와 이집트의 여신을 만나 보겠습니다. 먼저 그리스 땅의 여신인 가이아 님을 만나러 왔습니다. 가이아 님이 얼마나 큰지, 얼굴을 보려면 기중기를 타고 한참 올라가야 한답니다. 안녕하세요? 가이아 님.

가이아 네, 안녕하세요?

🧑 가이아 님이 처음 세상에 나왔을 때 세상은 어떤 모습이었나요?

가이아 처음에 세상은 뭐가 뭔지 모를 정도로 모든 게 뒤섞여 있었어요. 이런 상태를 카오스라고 해요. 그때 내가 태어나서 세상을 만들었어요.

🧑 가이아 님을 보니 우리나라 마고할미가 생각나는군요. 마고할미도 가이아 님처럼 무척 크답니다. 그리고 세상을 만들었죠.

가이아 맞아요. 세계 신화에 나오는 여신들은 닮은 점이 많아요.

🧑 그리스 로마에는 가이아 님 말고 어떤 여신들이 있나요?

가이아 미의 여신 아프로디테, 곡물의 신 데메테르, 결혼과 가정의 신 헤라, 지혜의 여신 아테나가 있어요. 그밖에도 많답니다.

🧑 네. 오늘 만나서 반가웠습니다. 고맙습니다. 이번에는 이집트로 가 보겠습니다. 이집트의 여신 누트를 만나 볼까요? 누트 님, 안녕하세요?

누트 네, 안녕하세요? 저는 이집트 사람들이 '하늘의 신'이라고 떠받드는 누트입니다.

😊 하늘의 신이라고요? 다른 나라 여신들은 땅의 신인데 이집트는 좀 다르군요.

누트 네, 이집트에서는 땅의 신이 남신이고, 하늘의 신이 여신이에요. 보시다시피 저는 엎드린 채 팔다리를 쭉 뻗어서 땅을 감싸고 있어요. 태양은 아침마다 내 품에서 태어나 저녁에 내 품으로 돌아오지요.

😊 네, 그렇군요. 재미있는 이야기 잘 듣고 갑니다. 오늘은 우리나라 마고할미와 견줄 수 있는 세계의 여신들을 만나 보았습니다.

이집트의 누트 하늘의 신 누트가 땅의 신을 에워싸고 있는 모습이야.

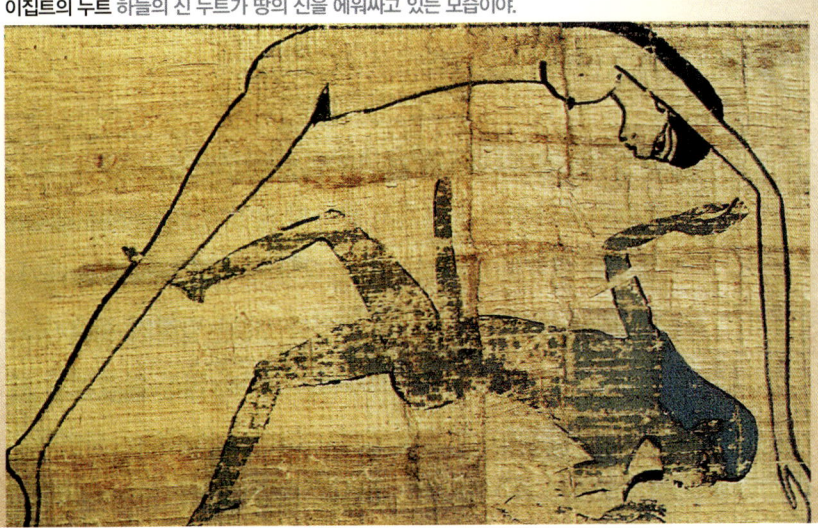

3_ 나라를 세운 여성들

소서노는 주몽과 함께 고구려를 세웠고, 다시 아들들과 함께 남쪽으로 내려와 백제를 세웠어. 참 대단하지? 여성 한 사람이 두 나라를 세우는 데에 중요한 일을 한 경우는 세계 역사에서도 드물 거야.

　신석기 시대가 끝나 갈 무렵에는 농사짓는 기술도 많이 발전했고 도구도 발전했지. 무리도 점점 커졌어. 그리고 청동이라는 금속을 발견하게 되었어. 청동으로는 주로 무기를 만들었는데 청동검이나 창을 가진 무리는 힘이 세고 무리도 컸어. 힘이 센 무리는 약한 무리들을 침략해서 더 많은 것을 가지려고 했어. 그러다 보니 무리와 무리 사이에 전쟁이 자주 일어났어.

　청동검은 남성들이 만들어서 썼어. 남성들은 농사일에도 적극 참여했어. 조금씩 남성이 중심인 사회로 변해 갔지. 무리 안에 힘과 권력이 생기기도 하고.

　청동기 시대를 지나 철기 시대에 들어서면서는 한반도에도 고대 국가가 세워져. 사회가 어떻게 바뀌는지, 그 속에서 여성들의 삶이 어떻게 달라지는지 앞으로 잘 눈여겨봐. 나라를 세우는 데 여성들은 어떤 일을 했는지 만나러 가 볼까?

좋은 말을 고를 줄 알았던 유화

유화는 고구려를 세운 주몽의 어머니야. 동부여에 살던 주몽은 남쪽 땅에 가서 새로운 나라를 세우고 싶었어. 하지만 어머니와 헤어질 수 없어서 쉽게 결정을 못 하고 있을 때 유화가 주몽을 불러 이렇게 말했단다.

"이것은 내가 밤낮으로 고민하던 일이다. 대장부가 먼 길을 가려면 반드시 좋은 말이 있어야 한다."

마구간에 간 유화는 말들을 때려 달아나도록 했어. 그 가운데 사람 키보다 두 배나 높은 난간을 뛰어넘는 말을 골라 주몽에게 주었지. 주몽은 어머니가 골라 준 좋은 말을 타고 남쪽으로 가서 고구려를 세웠단다.

좋은 말을 알아보는 여성들의 능력은 고구려가 세워진 뒤에도 이어졌어. 평강 공주도 좋은 말을 고를 줄 알았다는 이야기가 전해져 오잖아. 평강 공주가 골라 준 말을 타고 사냥 대회에 나가서 우승한 '바보 온달' 이야기 말이야.

유화는 주몽을 남쪽으로 보낼 때 씨앗을 싸 주었어. 그런데 주몽은 어머니와 헤어지는 걸 슬퍼하다가 깜박 잊고 씨앗을 두고 길을 떠난 거야. 얼마쯤 가다가 주몽이 큰 나무 밑에서 쉬는데 비둘기 한 쌍이 날아왔어. 주몽은 그 비둘기를 보면서 '어머니께서 씨앗을 보내셨구나!' 하고 알아챘지. 주몽은 화살 하나로 비둘기 두 마리를 잡았어. 비둘기 입을 벌리자 씨앗이 나왔지. 주몽이 씨앗을 챙긴 뒤 비둘기에게 물을 뿜어 주었더니 비둘기 두 마리가 되살아나 날아갔다는구나.

여기서 잠깐, 앞에서 들려준 자청비 이야기와 유화 이야기에서 공통으로 나오는 게 있는데 무엇일까? 그래, 바로 씨앗이야. 자청비는 하늘나라에서 씨앗을 가져와서 곡물신이 되었잖아. 유화도 주몽에게 씨앗을 주어 주몽이 세우는 새로운 나라가 풍요로워지기를 바랐던 거야. 부여와 고구려에서는 오랫동안 유화를 신모로 떠받들었어.

두 곳에 신을 모시는 사당이 있었다. 한 곳은 나무를 조각해 부인의 형상을 만들고, 한 곳은 그들의 시조이며 부여신의 아들이라고 했다. 사람을 보내 지키게 하니 이들이 바로 하백의 딸(유화)과 주몽이라 한다. -《주서(周書)》

유화는 고구려의 지모신이자 곡물신이야. 그리고 고구려가 멸망할 때까지 고구려를 지키는 수호신이었어. 또 유화는 물의 신 하백의 딸이야. 그때나 지금이나 물은 중요해. 물이 없으면 농사를 지을 수도, 음식을 만들어 먹을 수도 없잖아. 이야기를 들어 보니 그 시대 사람들이 유화를 얼마나 중요하게 생각했는지 알겠지?

두 나라를 세운 소서노

주몽이 동부여를 떠나 졸본에 닿았을 때 가진 것이라고는 유화가 준 씨앗과 동지 세 사람뿐이었어. 새로운 나라를 세울 수 없는 형편이었지. 그런데 졸본 왕은 그런 주몽을 둘째 딸 소서노와 결혼시켰어. 소서노는 굉장한 부자였대. 주몽이 나라를 세울 때 소서노의 재산이 크게 도움이 되었을 거야.

주몽은 소서노와 결혼해 나라를 세우고 왕이 되었지. 그런데 주몽이 동부여에서 낳은 아들인 유리가 찾아왔어. 소서노가 낳은 아들 비류와 온조는 적지 않은 충격을 받았지. 비류는 동생 온조에게 고구려를 떠나자고 말했어.

"대왕이 부여에서 난을 피하여 도망 왔을 때 우리 어머니는 집안의 재산을 서슴지 않고 내놓아 나라를 세우는 데 온 힘을 다했다. 그런데 지금 대왕이 우리를 제쳐 놓고 유리에게 나라를 잇게 하려 한다. 우리들이 여기 있으면서 헛되이 근심하고 지내는 것보다 어머니를 모시고 남쪽으로 가서 좋은 땅을 찾아 따로 나라를 세우는 것이 낫겠구나."

풍납토성에서 발굴된 백제의 집터와 그릇 소서노의 아들 온조는 위례성에 백제를 세웠어. 사진은 백제의 수도로 알려져 있는 풍납토성에서 발굴된 집터와 그릇이란다.

 비류는 미추홀(지금의 인천)로 가서 나라를 세우고, 온조는 위례성(지금의 서울 강동구 일대)에 백제를 세웠어. 이때도 소서노는 나라를 세우는 데 필요한 도움을 주었어.

 온조왕 13년 3월에 소서노가 61세로 죽었다. 두 달 뒤인 5월에 여러 괴상한 일들이 일어나고 말갈의 침입까지 받는 등 백제는 안팎으로 큰 어려움을 겪었다. 그때 온조는 신하들에게 "국모가 세상을 버리는 일도 있고 나라 사정이 편안치 못하니 서울을 옮겨야겠다."고 말했다. -《삼국사기》

 소서노가 죽었다는 사실은 백제 사람들에게 큰 충격이었어. 백제 사람들이 소서노를 나라를 세운 사람이자 땅의 신으로 여기고 숭배했기 때문이야.
 소서노는 주몽과 함께 고구려를 세웠고, 다시 아들들과 함께 남쪽으로 내려와 백제를 세웠어. 참 대단하지? 여성 한 사람이 두 나라를 세우는 데에 중요한 일을 한 경우는 세계 역사에서도 드물 거야.

새부리 여인 알영

신라에는 유화나 소서노 같은 여성이 없었을까? 신라에는 알영 이야기가 전해 온단다.

박혁거세가 태어난 날 사량리 알영이라는 연못에 닭 모양을 한 용이 나타나 왼쪽 옆구리로 여자아이를 낳았어. 여자아이는 얼굴이 뛰어나게 고왔어. 그

런데 입술이 닭 부리처럼 생긴 거야. 사람들이 월성 북쪽 냇물에 데리고 가서 깨끗이 씻겼더니 부리가 떨어졌어. 사람들은 경주 남산 서쪽 기슭에 궁실을 짓고 신성한 두 아이를 길렀어. 남자아이는 알에서 나왔는데 그 알이 박처럼 생겼다 하여 성씨를 박이라 했고, 여자아이는 아이가 나온 우물 이름을 따서 알영이라고 지었지.

기원전 57년, 두 아이는 열세 살이 되었어. 사람들은 남자아이는 왕으로 삼고, 여자아이는 왕후로 삼았어.

알영정의 터 신라 초기의 왕릉인 오릉 가까이에 알영정의 터가 있단다. 경주시 탑동에 있어.

왕후가 된 알영은 혁거세가 신라를 두루 다닐 때 함께 있으면서 백성들에게 농사일과 누에 치는 방법을 알려 줬어. 신라 사람들은 알영을 땅의 신이자 곡물신으로 숭배했지. 사람들은 알영 입술이 닭 부리처럼 생겼다는 사실만으로도 신성하게 여겼지. 옛날 사람들은 날이 밝는 것을 알려 주는 닭을 어둠과 부정을 쫓는 존재로 생각했거든.

가야의 허황후

신라에 알영이 있었다면 가야에는 허황후가 있었지. 허황후는 아유타국의 공주인데 가야에 와서 김수로왕과 결혼해서 아들을 열 명 낳았어. 백성을 자식처럼 사랑하고 가르쳐서 편안한 세상을 만들었다고 해.

하늘에 제사를 지내는 여성 제사장

고구려, 백제, 신라에서는 나라의 큰 제사를 여성들이 맡았단다. 《삼국사기》를 보면 신라 2대 남해왕의 누이인 아노가 제사를 지냈다는 내용이 나와 있어. 아노뿐만 아니라 노구라는 할머니도 자주 나와. 노구는 신에게 제사를 지내는 여성들인데 삼국 시대 초기까지 나랏일에도 큰 영향을 미쳤단다. 석탈해가 신라에 들어온 이야기에도 아진의선이라는 노구가 나와.

배 한 척이 계림 동쪽 하서지촌 아진포에 이르렀다. 마침 그곳에 혁거세왕의 고기잡이 할미인 아진의선이 있었다. 아진의선이 배를 보고 말하기를 "이 바다 가운데 본래 바위가 없었는데, 까치가 모여들어 우는 것은 무슨 일인가?" 하고 가서 보니 그 가운데 궤짝 하나가 있었다. 그 배를 끌어다 계림 밑에 두고 하늘에 좋은 일인지 나쁜 일인지 물었다. 나무 상자를 열어 보니 남자아이와 함께 일곱 가지 보물과 하인이 가득 차 있었다. -《삼국사기》

아진의선이 궤짝을 놓고 하늘에 좋은 일인지 나쁜 일인지 묻잖아. 이런 행동은 제사를 지내는 것으로 아무나 할 수 있는 일이 아니야. 아진의선은 그냥 고기 잡는 어부가 아니라 하늘에 제사를 지내는 제사장이지.

세상에 악이 생긴 까닭은?

세상에는 질투, 시기, 도둑질, 폭력 같은 나쁜 일들도 많아. 왜 세상에는 아름답고 즐거운 일만 있는 게 아니라 불행한 일이 있는 걸까? 그리스 로마 신화에서는 판도라가 상자를 열었기 때문에 불행이 생겼다고 해. 그럼, 우리 신화는 어떨까?

천지왕은 두 아들 대별과 소별에게 일거리를 주었어. 이승과 저승을 맡아서 질서를 세우는 큰일이었지. 천지왕은 꽃나무를 은 대야에 심어 아들 둘에게 주었어. 꽃을 잘 피운 사람이 이승을 맡고 그렇지 못한 사람은 저승을 맡으라고 했어. 대별과 소별은 땅에 내려와서 공을 들여 꽃을 기르기 시작했단다. 시합은 대별이 이기는 듯했어. 소별이 키운 꽃나무는 시들시들 맥이 없는데 대별이 키운 꽃나무는 생기가 흘러넘쳤거든. 그런데 꽃이 피어나 승부가 판가름 나는 순간, 시들시들하던 소별의 꽃나무에는 아름다운 꽃이 피었는데 대별의 꽃나무는 꽃이 제대로 피지도 못한 채 누렇게 색이 바래고 말았어. 소별이 꽃을 바꿔치기한 거야. 소별은 큰소리치며 이승을 맡겠다고 했어. 대별은 어쩔 수 없이 저승으로 가야 했지.
"오냐. 정히 그렇다면 가마. 이제 세상에 새로운 죄악이 퍼질 테니 걱정이구나. 부디 사랑으로 세상을 돌보아라."
"그 일은 내게 맡기고 형님은 저승의 질서나 엄하게 세우구려."

대별이 저승으로 떠나자, 소별은 사람들을 모아 놓고 자신이 세상의 왕이라고 말했어.

우리 신화에서는 소별왕이 속임수로 세상을 맡았기 때문에 세상에 나쁜 일이 생겼다고 말하고 있어.

그리스 로마 신화와 우리 신화가 조금 다르지? 판도라는 여성이고, 소별왕은 남성이야. 판도라는 호기심을 이기지 못하고 상자를 열어서 세상에 악을 퍼뜨렸어. 반면 소별왕은 욕심 때문에 남을 속이는 일을 저질러서 세상이 불행해진 거야. 엄마는 두 이야기를 보면서 이런 생각을 했어. 그리스 로마 신화는 전해 내려오는 이야기를 모아서 남성들이 기록한 것이잖아. 그런데 대별왕과 소별왕이 나오는 이야기는 책으로 기록된 것이 아니라 오랜 옛날부터 무당들이 굿을 하면서 사람들에게 들려준 이야기야. 여성들이 전하는 이야기는 세상에 악이 생긴 까닭도 다르게 말하는구나.

판도라의 상자 신들은 판도라에게 절대 상자를 열면 안 된다고 말했지만 판도라는 궁금한 걸 참을 수 없어서 상자를 열고 말았어. 그 상자에는 모든 재앙이 들어 있었는데 결국 온갖 불행과 재앙이 쏟아져 나와 인간 세상으로 퍼져 나갔어. 판도라가 깜짝 놀라서 얼른 뚜껑을 닫았을 때는 '희망'만 상자에 남았단다. 그 때부터 인간은 온갖 불행과 어려운 일을 겪으며 절망하지만 그래도 마지막 남은 희망을 간직하고 살게 되었다고 해. 사실, 판도라는 크레타 섬의 지모신이야. 그리스 로마에서도 남성이 중심인 사회가 되면서 여신들 이야기를 낮춰서 인간 이야기로 바뀐 게 많아. 판도라도 바로 그런 이야기 가운데 하나야.

4_ 활달한 고대 사회의 여성들

아버지를 찾아가는 모험 이야기는 우리나라뿐만 아니라 세계 어디서나 흔하게 볼 수 있는 이야기란다. 그런데 왜 아버지를 찾아가는 모험 이야기가 곳곳에 있을까? 지배자가 된 남성들은 자기의 뒤를 이어 힘과 재산을 불리고 지킬 사람이 필요했어. 그러니까 아버지가 누구인지, 그 아버지의 뒤를 이을 아들이 누구인지 분명히 하는 게 중요해진 거야.

　고구려, 백제, 신라, 가야는 문화와 풍습은 다르지만 같은 시대를 살아가는 이웃 나라였어. 고대 사회 사람들은 어떻게 결혼했을까?

　그것은 나라마다 조금씩 다르단다. 다른 집안끼리 결혼하기도 하고, 같은 집안사람끼리 결혼하기도 했어. 형이 죽으면 형의 아내와 결혼한 동생도 있었고, 자매가 한 남자와 결혼하기도 했단다. 지금 결혼 풍습하고는 많이 다르지?

　남성과 여성이 하는 일도 구분지어졌어. 시간이 지나면서 점점 남성이 중심인 사회가 돼. 하지만 신라에서는 여성이 왕이 되기도 하지. 여왕들은 어떻게 나라를 다스렸을까?

　고대 사회 사람들은 어떻게 결혼했는지, 부부 사이에 어떻게 지냈는지, 그리고 고대 사회의 여성들은 어떤 일을 했는지 남아 있는 이야기와 기록을 들여다보자.

누구와 결혼할까?

고조선의 단군 신화를 기억하지? 환웅과 웅녀가 결혼해서 단군이 태어났잖아. 신화에서는 다른 곳에서 옮겨 온 무리를 하늘이나 남자로 표현해. 그리고 원래 그 지역에서 살고 있던 무리를 땅이나 여자로 표현하고. 그러니까 환웅과 웅녀가 결혼했다는 말은 바깥에서 들어온 무리와 원래 그 땅에서 살아온 무리가 합쳐졌다는 이야기야.

고구려도 마찬가지야. 고구려 건국 신화에도 스스로 하늘신이라는 해모수와 유화가 결혼해서 주몽을 낳았지. 백제도 부여씨 왕족이 진씨나 해씨 왕비를 맞아들였어.

신라는 같은 혈연 집단 안에서 결혼하는 경우도 많았어. 오늘날 촌수로 따지면 삼촌과 조카, 고모아 조카가 결혼하기도 했어.

신라 사람들은 왜 같은 혈연 집단끼리 결혼했을까? 성골은 성골끼리, 진골은 진골끼리만 결혼해서 신분을 지키려고 했던 거지. 결혼할 때 신분을 따지는 일은 신라에서만 있었던 일이 아니야. 고구려나 백제 사람이 결혼할 때에도 신분을 따졌으니까.

왕족이나 귀족이 아닌 백성들은 어땠을까? 백성들은 김씨, 박씨, 최씨 하는 성이 없었어. 그래서 함께 사는 식구가 아니면 같은 집안사람을 만나도 잘 몰랐을 거야. 그리고 노비 같은 하층 사람들은 주

> **유학자가 본 신라의 결혼 풍습**
>
> 고려 시대에 《삼국사기》를 쓴 김부식은 "신라는 같은 성끼리 혼인할 뿐만 아니라 형제의 자식이나 고모나 이모의 딸들까지 데려다가 아내로 삼는다. 비록 외국의 풍속이 저마다 다르다 하더라도 중국의 예의범절로 따진다면 아주 잘못된 일이다."라고 말했어. 유학자인 김부식의 눈에는 아주 잘못된 일이지만, 신라 시대에는 잘못된 일이 아니었단다.

인의 소유물이었기 때문에 결혼해서 가정을 이루며 사는 게 힘들었어. 주인이 짝을 맺어 준다고 해도 다른 곳으로 보내 버리면 그대로 따를 수밖에 없었어. 노비는 주인의 재산이니까 언제든 주인 마음대로 할 수 있었어. 식구들이랑 함께 사느냐, 못 사느냐는 순전히 주인 마음에 달린 거지.

결혼한 부부는 어디에서 살림을 시작했을까? 고구려의 결혼 풍습을 알려 주는 글이 있는데 함께 읽어 보자.

> 결혼하기로 정해지면 여자 집에서 큰 집 뒤에 작은 집을 짓는다. 이를 '사위집'이라 한다. 결혼식을 하고 날이 저물면 사위가 여자 집 문밖에서 이름을 말하고 무릎을 꿇는다. 그리고 절하면서 여자와 함께 있게 해 달라고 여러 번 청한다. 여자의 부모가 이것을 듣고 작은 집에서 자도록 허락한다. 신부 곁에는 돈과 비단을 놓아둔다. 여자가 낳은 아이가 자란 뒤, 남자는 비로소 여자를 데리고 집으로 돌아간다. —《삼국지》

우리말에서 "장가간다."는 말은 "아내 집으로 간다."는 뜻인데, 이 풍속에서 나온 말이야.

신부 집에서 아이를 낳고 기르는 풍습은 여러 이야기에서 찾아볼 수 있어. 유화와 해모수는 결혼을 약속하고, 서로 좋아했잖아. 그 뒤 해모수는 자신이 살던 곳으로 돌아가고 유화는 혼자 주몽을 낳아 키웠어. 주몽의 아들인 유리도 마찬가지야. 주몽은 예 씨와 결혼했지만 주몽이 남쪽으로 가서 고구려를 세우는 동안 예 씨는 혼자 유리를 낳고 길렀어. 신라의 학자 설총은 원효 대사와 요석 공주 사이에 태어났

는데 공주가 요석궁에서 키웠어. 백제의 서동 역시 어머니가 사비성 남쪽 연못가에 집을 짓고 홀로 키웠지.

　신분이 낮은 백성들 이야기 가운데는 아버지가 누구인지 아예 나와 있지 않은 경우가 많아. 혜공은 승려인데 부잣집에서 고용살이하던 노파의 아들이고, 불국사를 세운 김대성은 모량리라는 마을에 사는 가난한 여인 경조의 아들이야. 두 사람 다 아버지가 누구인지 기록이 없어.

살림을 여자 집에서 했기 때문일까? 영웅들 이야기에는 자주 '아버지 찾기'가 나와. 아버지 없이 자라난 아이가 주위의 놀림을 받다가 아버지를 찾으러 길을 떠나는 거야. 아버지를 찾으면서 어려운 일을 겪는데 그것을 이겨 내는 과정에서 영웅이 갖추어야 할 여러 가지 능력을 터득하는 거지. 고구려 두 번째 왕 유리도 아버지를 찾아가는 모험을 하면서 왕이 될 훈련을 한 인물이야.

유리는 자라면서 아비 없는 자식이라고 놀림을 받았어. 어느 날 어머니 예 씨에게 왜 아버지가 없냐고 물었지. 예 씨 부인은 아버지가 떠나기 전에 일곱 모가 난 돌 위의 소나무 밑에 증표를 남겨 두었다고, 그것을 찾으면 아버지를 찾을 수 있다고 일러 주었어. 유리는 산골짜기를 누비며 일곱 모가 난 돌 위에 있는 소나무를 찾았지만 찾을 수가 없었어. 힘이 빠져 집에 돌아왔는데 주춧돌 틈에서 이상한 소리가 나는 거야. 주춧돌을 자세히 살펴보니 그게 바로 일곱 모가 나 있는 돌이었어. 그리고 주춧돌 위에는 소나무 기둥이 있었고. 소나무 기둥 아래를 헤치니 부러진 칼이 나왔어. 유리는 부러진 칼을 들고 아버지 주몽을 찾으러 나섰지. 아들과 아버지가 만나서 서로 가지고 있던 부러진 칼을 맞추어 보니 딱 맞는 거야. 이후에 유리는 주몽 뒤를 이어 왕이 되었어.

아버지를 찾아가는 모험 이야기는 우리나라뿐만 아니라 세계 어디서나 흔하게 볼 수 있는 이야기란다. 그런데 왜 아버지를 찾아가는 모험 이야기가 곳곳에 있을까? 청동기 시대와 철기 시대가 되면서 부족 사이에 정복 전쟁이 자주 일어났는데 정복 전쟁에서 이긴 사람들은 지배자가 됐어. 이 사람들은 자신의 힘과 재산을 보호해야 했지. 지배자가 된 남성들은 자기의 뒤를 이어 힘과 재산을 불리고 지킬 사람이 필요했어. 그러니까 아버지가 누구인지, 그 아버지의 뒤를 이을 아들이 누구인지 분명히 하는 게 중요해진 거야.

베 짜기 경연 대회

🧑 저는 지금 신라의 서울인 서라벌(경주)에 와 있습니다. 지금 관아의 마당에 왕녀들을 중심으로 많은 여성들이 모여 있는데 무슨 일일까요? 그 까닭을 알아보겠습니다. 왕녀님, 안녕하세요? 어떤 행사를 하고 계신 건가요?

왕녀 안녕하세요? 우리는 신성한 내기를 하고 있어요. 서라벌을 6부로 나누고 왕녀 두 사람을 우두머리로 해서 두 편으로 갈라 베 짜기 경연 대회를 하고 있답니다.

🧑 하루 만에 이렇게 많은 베를 짠 것 같지는 않은데 언제부터 시작했나요?

왕녀 음력 7월 16일에 시합을 시작했어요. 날마다 아침 일찍부터 밤 10시까지 베를 짜고 있답니다.

🧑 언제까지 하나요?

왕녀 음력 8월 14일까지 한 달 동안 합니다.

🧑 경연 대회에서 이기면 상도 주나요?

왕녀 8월 15일에 베를 얼마나 짰는지 보고 판가름을 해요. 진 쪽에서 술과 음식을 마련해 이긴 편과 함께 먹고 마시고, 춤추고 노래하며 놀아요. 이를 '가배'라고 하죠. 가배가 나중에 추석 명절이 된 거예요.

🙂 아, 그렇군요. 오늘 많이 배웠습니다.

베 짜기 대회는 나라에서 여는 아주 큰 행사였어. 옷은 먹을거리, 집과 함께 사람이 살아가는 데 가장 중요한 세 가지 가운데 하나잖아. 베를 짜는 기술은 귀족부터 천민에 이르기까지 모든 여성이 익혀야 했단다. 이는 고구려나 백제에서도 마찬가지였어.

여성들은 베를 짜서 시장에 내다 팔아 집안 살림을 꾸리기도 했어. 베는 쌀과 바꿀 수 있을 만큼 가치가 있었거든. 고구려에서는 세금으로 비단과 곡식을 받았고, 백제에서도 베와 비단, 실 따위를 받았다고 해. 백제는 일본에 베 짜는 여성 기술자를 보내 옷 만드는 기술을 가르쳐 주기도 했고. 신라 진덕 여왕은 손수 비단을 짜서 당나라에 선물로 보내기도 했대.

농사와 부역

신석기 시대 여성들이 피나 기장 같은 곡물을 심어 처음으로 농사를 짓기 시작했잖아. 농사는 청동기 시대에도 이어졌어. 청동기 시대 사람들은 잡곡뿐만 아니라 벼 농사를 짓기 시작했고, 전보다 곡식을 많이 거둘 수 있었어. 저수지를 만들고 쟁기를 쓰면서 조금씩 조금씩 남성들은 농사일을 맡아 하게 되었고. 그러면서 남자는 농사짓고 여자는 길쌈한다는 말이 생겼어. 견우와 직녀의 설화가 그 시절 남성과 여성의 모습을 잘 보여 준단다.

직녀는 옥황상제 딸인데 옷감 짜는 여신이었어. 어느 날 직녀는 하늘나라에서 소를 돌보는 견우를 보고 첫눈에 반했어. 견우는 궁궐의 양과 소를 돌보는 목동이었는데 아주 부지런했지. 옥황상제는 부지런한 견우가 마음에 들어서 둘의 결혼을 허락했어.

그런데 견우랑 직녀는 결혼을 하자 일은 하지 않고 날마다 들로 산으로 놀러 다녔어. 옥황상제는 게으름을 피우는 둘에게 벌을 주었어. 견우를 은하수 건너 멀리 보내 버리고 일 년에 딱 한 번 음력 칠월 칠 일에만 만나게 했지. 두 사람은 만날 날을 기다리며 열심히 일했어. 하지만 음력 칠월 칠 일에 비가 많이 내려서 은하수를 건널 수가 없었어. 직녀가 슬퍼서 울자 까치들이 날아

견우와 직녀 은하수를 사이에 두고 소를 끌고 가는 견우와 떠나는 견우를 바라보는 직녀의 모습이란다. 고구려 시대의 무덤인 덕흥리 고분에서 발견된 벽화야.

와 다리를 만들어 주었대. 이 다리를 오작교라고 해.

견우와 직녀는 슬픈 사랑 이야기이기도 하고, 그 시절 사람들이 어떤 일을 했는지도 알 수 있는 이야기야. 그렇다고 여성들이 천만 짠 것은 아니야. 아이를 기르거나 먹을거리를 장만하는 일은 날마다 하는 일이고 갖가지 농사일도 함께했어. 논농사는 남성들이 도맡아 했지만 다른 농사일은 여성이 돕지 않으면 할 수 없었단다. 또 남성이 전쟁에 나가거나 성을 쌓으러 가면 여성이 나서서 농사를 지었지.

나라에서 큰 공사를 하면 여성들도 일하러 가기도 했어. 고구려 봉상왕 9년, 나라에서는 열다섯 살이 넘는 남성과 여성들을 강제로 데려다 궁궐을 고치게 했어. 이렇게 나라에 불려가 일하는 것을 '부역(負役)'이라고 해. 신라에서는 선덕 여왕 때에 영묘사에 보관할 불상을 만들었는데 온 성안의 남성과 여성들이 진흙을 나르는 일을 했어. 궁궐이나 성을 짓거나 고칠 때 대개 남성들을 동원했지만 일손이 모자라면 여성

● 고구려 고분 벽화 속의 부부

고분 벽화는 오래된 무덤 속에 그려진 그림이야. 고구려 무덤 안에는 죽은 이가 살았을 때 모습을 그린 그림이 있어. 덕분에 우리는 고구려 사람들이 어떻게 살았는지 알 수 있지. 벽화 가운데는 부부 사이가 어땠는지 짐작할 수 있는 그림도 있단다.

씨름총(각저총) – 5세기 초
중국 길림(지린)성에 있어. 무덤에 씨름 그림이 있어서 씨름총이라고 해.
남성은 긴 의자에 앉아 있고, 오른쪽에 부인으로 보이는 여성 둘이 무릎을 꿇고 평상에 앉아 있구나. 사람들의 크기를 다르게 그린 것은 신분의 차이를 나타낸 거란다.

장천 1호분 – 5세기 중반
중국 길림성에 있어. 이 무덤은 부처와 보살, 연꽃 그림으로 가득 차 있어. 묘 주인의 방에는 연꽃이 2백여 송이나 그려져 있고. 아마 무덤 주인 부부가 죽은 뒤 극락세계로 가기를 바랐기 때문일 거야. 연꽃 한 송이에 남편과 부인이 나란히 그려져 있구나. 그림 속 부부가 몸집이 비슷한 걸 보니 부부의 지위가 비슷했다는 것을 알 수 있어. 희준아, 어때? 숨은 그림 찾기처럼 그림과 이야기 속에 숨어 있는 뜻을 새겨보는 게 재미있지 않니?

들까지 데려간 거야. 여성도 남성과 같은 일꾼으로 여겼기 때문에 나라에서 하는 큰 공사에 참가할 의무가 있었지.

우리나라 첫 번째 여왕, 선덕

신라에는 여왕이 있었어. 세 여왕이 있었는데 첫 번째로 왕위에 오른 인물이 바로 선덕 여왕이지. 선덕 여왕은 진평왕의 딸이고 어머니는 마야 부인 김 씨야. 이름은 덕만. 성품이 너그럽고 똑똑했다고 해. 선덕 여왕을 만나 볼까?

👩 안녕하세요, 선덕 여왕님. 여왕님은 어떻게 왕이 되었나요?

선덕 여왕 신라에는 골품제라는 신분제가 있어요. 아버지 진평왕은 아들이 없고 딸만 둘 있었죠. 그때는 성골 남성만 왕이 될 수 있었는데 아버지가 죽은 뒤 성골 남성이 없어서 성골인 내가 왕이 되었어요.

👩 여왕님이 나라를 다스리는 데 도와준 사람은 있었나요?

선덕 여왕 김춘추와 김유신이 도와줬어요. 김춘추는 내 조카인데 지혜가 정말 뛰어났어요. 김유신은 여러 번 전쟁에 나가 이긴 훌륭

골품제

사람들을 성골, 진골, 6두품, 5두품, 4두품 등으로 나누고 그에 따라 하는 일도 다르게 정해 놓은 신분 제도야. 일뿐만 아니라 사는 집의 크기나 입는 옷도 골품에 따라 달랐어. 자줏빛 옷은 진골, 성골만 입었단다. 6두품은 중앙의 장관 벼슬은 할 수 없었어. 그래서 6두품 출신들은 일찍부터 공부를 하거나 종교에 관심을 가졌지. 원효, 설총, 강수, 최치원 같은 사람이 모두 6두품 출신이야. 골품제는 신라만의 독특한 신분 제도란다.

신라 귀족상

한 장군이에요. 두 사람은 내가 나라를 다스리는 데 꼭 필요한 사람들이었어요. 그래서 두 집안을 사돈으로 맺어 주었죠.

🙋 왕위에 오르고 나서 어떤 일을 가장 먼저 하셨나요?

선덕 여왕 왕이 된 뒤 가장 먼저 한 일은 백성들의 생활을 살피는 일이었습니다. 나라 안 구석구석에 관리를 보내 홀아비와 홀어미, 부모 없는 어린이와 자식이 없는 늙은이처럼 혼자 힘으로 살기 어려운 사람을 돕도록 했죠. 그리고 서남쪽 국경을 침입한 백제 군사들을 물리쳤어요. 고구려와도 싸워서 크게 이겼습니다. 당나라에 유학생도 많이 보냈고요. 새로운 문물을 받아들이

여성이 앞장서서 받아들인 불교

불교는 인도에서 시작되어 중국을 거쳐 삼국 시대에 우리나라로 들어왔어. 고구려, 백제, 신라가 고대 국가로 성장하던 때였지. 불교가 우리 땅에 뿌리를 내리게 된 데에는 여성들 활약이 컸어.

고구려 승려 아도는 어머니가 권해서 출가했어. 출가는 식구들과 살던 집을 떠나 스님이 되는 일을 말해. 아도는 신라에 들어가 포교 활동을 했지. 신라에서 아도의 포교 활동을 도운 사람은 일선군(지금의 경상북도 선산)에 사는 모례의 누이 사 씨였어. 사 씨는 신라에서 처음 비구니가 된 사람이란다. 비구는 남자 스님을, 비구니는 여자 스님을 가리키는 말이야.

불교가 들어오기 전 고구려나 백제, 신라에는 원시 종교에서 발전해 온 전통 신앙이 있었어. 무당들이 굿을 해서 사람들 소원이 이루어지게 도와주거나 병을 치료해 주는 거였어. 아도는 무당들이 못 고치는 사람들의 병을 고쳐 주었대. 부처의 힘으로 병을 고쳤다는 이야기가 사람들 사이에 퍼지자 사람들은 부처가 무속신보다 뛰어나다고 생각하고 불교를 믿기 시작했지.

그래서 불교가 우리나라에 들어왔을 때에는 전통 신앙과 갈등도 있었지만 오래지 않아 사람들 사이에 널리 퍼졌어. 비구니인 지혜는 전통 신앙에서 믿는 무속신의 도움으로 절을 세웠어. 이렇게 고대 여성들은 불교를 뿌리내리게 한 열렬한 후원자였단다.

고 새로운 사상을 공부한 사람들을 가까이에 두어서 힘을 키우고 싶었어요.

🙂 여왕으로서 힘든 점은 없었나요?

선덕 여왕 한번은 백제 의자왕이 군사를 크게 일으켜 우리나라 서쪽에 있는 성을 40개나 빼앗아 간 일이 있었어요. 그렇지 않아도 여성이 왕이 되었다고 불만이 많던 귀족들이 이 일 때문에 불평을 늘어놓지 뭐예요.

🙂 어떻게 해결하셨나요?

선덕 여왕 그때 나를 도와준 사람이 자장이죠. 자장은 내가 도와줘서 당나라로 유학을 갔는데 나를 도와주려고 돌아왔어요. 자장이 부처의 법으로 나라를 다스리려면 황룡사에 9층탑을 만들어야 한다고 했어요. 황룡사에 9층탑을 세우면 중국, 일본도 여왕을 얕보지 못할 거래요. 그래서 백제에서 탑 만드는 기술자 아비지를 불러와 3년 동안 만들었죠. 그리고 내가 왕으로 있던 15년 동안 절을 25곳이나 만들었어요.

선덕 여왕 이야기를 들으니까 어떤 생각이 드니? 그래, 선덕 여왕도 남자 못지않게 나라를 잘 다스렸다는 생각이 들지. 그런데 후대의 평가는 그렇지 않았어. 고려 시대에 《삼국사기》를 쓴 김부식은 "여왕이 다스리는데 나라가 망하지 않은 것이 다행이다."라고 말했다는구나.

가난한 여성들의 전쟁 이겨 내기

7세기에는 동아시아에 커다란 변화가 있었어. 중국과 일본은 새로운 질서를 만들어 왕권을 강하게 키우려고 하던 때였지. 고구려, 백제, 신라도 마찬가지였어. 더 넓은 땅을 차지해서 힘을 키우려고 주위 나라들과 끊임없이 전쟁을 했어.

국경 지역일수록 전쟁이 자주 일어나서 몇몇 무리만 가지고는 나라를 지키기가 힘들어졌어. 그래서 지방에 있는 백성들도 전쟁과 상관없이 군인이 되어야 했어. 신라 백성들은 번갈아 가면서 3년 동안 국경을 지키는 군인이 되어야 했지. 신라의 설씨녀 이야기를 보면 그 시절 백성들이 군인으로 끌려가는 사정을 잘 알 수 있어.

밤고을에 사는 설씨녀에게 큰 걱정이 생겼어. 아버지에게 군대에 오라는 명령이 떨어진 거야. 설씨녀는 늙고 병든 아버지를 차마 멀리 떠나보낼 수 없어 걱정만 하고 있었어. 이때 사량부에 사는 가실이라는 총각이 설씨녀 아버지 대신 군대에 가겠다고 나섰어. 가실은 오랫동안 설씨녀를 짝사랑하고 있었거

든. 둘은 거울을 반씩 나누어 가지며 사랑을 약속했고, 가실은 자신의 말 한 필을 설씨녀에게 건네주고 떠났지. 그런데 3년이 지나고, 해를 거듭하여 6년이 지나도 가실은 돌아오지 않았어. 설씨녀 아버지는 딸을 강제로 결혼시키기로 작정하고 몰래 혼인날을 정해 버렸어. 설씨녀는 이 사실을 알고 도망가려고 했는데 뜻대로 되지 않았어. 외양간에 가서 가실이 남겨 두고 간 말을 보며 하염없이 눈물을 흘렸지.

이때 가실이 돌아왔는데, 너무 마르고 누더기 옷을 걸치고 있어서 설씨녀조차도 알아보지 못했어. 가실이 깨진 거울을 건네자 설씨녀는 그제서야 거울을 받아들고 울음을 터뜨렸어. 둘은 평생 함께할 것을 약속했지.

설씨녀 이야기는 남녀의 변치 않는 사랑 이야기로 잘 알려져 있어. 그런데 우리는 조금 다르게 생각해 보자. 나라에서 백성들의 나이나 개인 사정을 생각하지 않고 군인으로 끌고 갔다는 사실을 알 수 있어. 또, 원래 군인으로 지내는 기간이 3년인데 가실은 6년이 지나도 돌아오지 않았어. 나라에서 정해 놓은 원칙보다 더 오랜 시간을 군인으로 지낸 거야.

우여곡절 끝에 돌아온 가실은 '너무 마르고 누더기 옷을 걸치고' 있었어. 군인의 생활이 얼마나 고생스러웠으면 아무도 못 알아볼 만큼 몸이 말랐겠니? 전쟁 때문에 백성들이 얼마나 힘들게 살았는지 짐작할 수 있는 이야기야.

그러면 여성들은 어땠을까? 여성들은 남성들이 없는 동안 식구들을 먹여 살리기 위해 농사일도 해야 하고, 나라에 세금도 내야 하니 허리 펴고 지낼 날이 없었을 거야.

원화 제도 새롭게 보기

신라가 백제나 고구려를 이기고 한반도 남쪽 지역을 차지할 수 있었던 힘은 어디에서 나왔을까? 어떤 이들은 그 힘이 화랑 제도에서 나왔다고 말해. 화랑들은 함께 모여서 공부도 하고 무술도 배웠어. 신라의 유명한 장군 김유신도 화랑이었지.

화랑 제도는 어떻게 만들어지게 되었을까? 화랑도가 있기 전에 원화 제도가 있었단다. 《삼국사기》에 이런 기록이 있어.

진흥왕 37년(576년) 봄, 처음으로 원화를 만들었다. 처음에 임금과 신하들이 인재를 알아보지 못해 근심했는데 많은 사람을 무리 지어 놀게 해서 그들의 행동을 보고 인재를 뽑아 썼다. 아름다운 여자 둘을 뽑으니, 한 사람은 남모이고 다른 한 사람은 준정이었다. 무리가 3백 명이나 모였다. 두 여자는 차츰 아름다움을 다투고 서로 질투하게 되었다. 준정이 남모를 자기 집으로 꾀어 독한 술을 억지로 권해 취하게 한 다음, 강물에 던져 죽였다. 이 일이 드러나 준정은 사형되고, 무리는 흩어졌다.

원화의 우두머리인 남모와 준정은 무리를 3백 명쯤 이끌었어. 이들이 이끄는 무리는 부모에게 효도하고, 형제 사이에 우애를 지키며, 나라에 충성을 다할 것을 맹세하고 함께 모여 수련했지. 진흥왕은 이들 속에서 인재를 키우려고 했어. 그러나 남모와 준정의 갈등으로 무리는 흩어지고 원화 제도는 없어졌어.

준정과 남모가 무리를 모을 수 있었던 것은 그만큼 신라에서 여성이 가진 지도력과 지위를 인정했기 때문이야. 신라에는 나라를 세울 때부터 여성들이 제사를 비롯한 종교 행사에 활발하게 참여했던 전통이 있었어. 여성 제사장들은 자기를 따르는 무리를 거느리고 있었을 거야. 왕녀들도 마찬가지였지. 왕녀들이 무리를 이끌고 베 짜기 시합을 한 것을 보면 알 수 있어. 이런 전통이 남아 있었기 때문에 여성이 남성들을 이끄는 우두머리가 될 수 있었음 거야.

그런데 정말 남모와 준정이 서로 시기하고 질투했기 때문에 갈등이 일어났을까? 물론 그랬을

임신서기석 1934년 경주에서 발견된 돌이야. 신라의 두 화랑이 열심히 공부하고 나라에 충성할 것을 다짐하며 돌에 글귀를 새겨 놓았어.

수도 있지만 남성 중심 사회가 되면서 여성의 정치 활동을 막기 위해 생겨난 이야기일 수도 있어. 남성들은 남성 중심인 사회를 만들면서 여성이 이끄는 무리를 없애고 싶지 않았을까? 기록에 따르면 이 사건을 계기로 원화 제도는 없어졌어. 그 뒤 남자를 우두머리로 한 조직을 다시 만들었는데, 바로 화랑 제도야. 원화에서 화랑으로 바뀐 것은 정치에서 차지하는 여성들 몫이 작아지고 남성 중심으로 바뀌는 과정을 보여 주고 있어.

5 _ 통일 신라와 발해 여성들의 삶

홍라녀 전설은 무려 13가지나 돼. 발해가 멸망한 뒤에도 홍라녀 이야기는 계속 이어져 왔어. 발해 유민들이 끊임없이 이야기를 했기 때문이겠지. 발해에도 많은 이야기들이 있었을 텐데 그 가운데 여성 이야기가 전해져 오는 것도 참 흥미로운 일이야.

　신라는 문무왕 때인 676년에 백제와 고구려 남쪽 땅을 차지해 통일을 이루었어. 기나긴 세월 동안 이어지던 크고 작은 전쟁이 끝났지.

　전쟁이 끝난 뒤 문무왕과 그 뒤를 이은 신문왕은 왕의 힘을 강하게 해 나라를 안정시키려 했어. 차츰 왕을 중심으로 나랏일을 돌보는 중앙 집권제가 자리를 잡아 갔지. 남성 중심의 사회가 되면서 여성의 지위도 영향을 받았단다.

　신라가 통일한 것은 백제와 신라의 땅이었어. 한반도 북쪽과 만주를 비롯한 옛 고구려 땅은 대부분 신라 땅이 아니었지. 고구려가 멸망한 지 30년쯤 지나 옛 고구려 땅에 세워진 나라가 발해야. 남쪽에는 신라가 있었고, 북쪽에는 발해가 있었던 이때를 '남북국 시대'라고 해. 이때 여성들은 어떤 모습으로 살았을까?

　자, 이제 통일 신라와 발해 여성들을 만나러 가 보자.

왕자를 바라는 신라 왕실

신문왕은 유교 사상을 널리 퍼뜨려 충성스러운 신하를 키우고자 했어. 전쟁 뒤 어수선한 분위기를 가라앉히기 위해 왕의 힘을 강하게 키워 나라를 안정시키려고 한 거야. 유교 사상에서는 나라에 충성하는 것을 중요하게 생각했거든.

이렇게 사회가 변하면서 여성의 지위에도 변화가 생겼어. 성덕왕, 경덕왕 때에는 아들을 낳지 못했다고 왕비를 궁궐에서 쫓아내기까지 했지. 경덕왕이 얼마나 아들을 바랐는지 전해 오는 이야기가 있단다.

경덕왕은 오래도록 자식을 얻지 못해 걱정했어. 그래서 경덕왕은 하늘에 자식을 갖게 해 달라고 기도했어. 하늘은 "딸은 가능하지만 아들은 안 된다."고 대답했는데 경덕왕은 딸을 아들로 바꾸어 달라고 했지. 아들을 얻으면 나라가 위태로울 것이라고 했지만 경덕왕은 자신의 뜻을 고집해서 마침내 두 번째 왕비한테서 아들을 얻었어.

경덕왕이 죽었을 때 아들인 혜공왕은 겨우 여덟 살이어서, 열대여섯 살이 될 때까지 어머니가 나서서 나랏일을 돌보았어. 그 뒤 혜공왕이 직접 나랏일을 했는데 온갖 소문에 시달렸어. 어떤 소문이냐고? "여자가 될 사람이 남자가 되었기에 어려서부터 여자들이 하는 장난을 하고 비단 주머니를 옷에 매다는 걸 좋아한다."는 소문이었어. 결국 혜공왕은 귀족 김지정에게 죽음을 당했단다.

여성이 정치를 하면 나쁘다는 생각은 시간이 지날수록 더 강해졌지. 헌덕왕은 딸만 둘 있었는데 진평왕과 달리 딸에게 왕의 자리를 물려주지 않았어. 헌덕왕은 "내가 불행하여 아들이 없고 딸만 있는데 우리나라 옛 일에 선덕과 진덕 두 여왕이 있었으나 이는 암탉이 울면 집안이 망한다는 말에 가까운 일이므로 따를 수 없다."고 말하면서 사위에게 왕의 자리를 물려주었지.

통일 뒤 신라는 왕을 중심으로 하는 중앙 집권제를 강화했고, 그러면서 여성들이 정치에 참여하는 일은 점점 어려워졌어. 이제 신라에서는 박혁거세와 함께 알영을 숭배하는 일도, 나라를 지키는 호국신으로 힘을 가지고 있던 왕비의 모습도 찾기 어려워졌단다.

신라 사해점촌의 사람들

신라에서 귀족이 아닌 여성들은 어떻게 살았을까? 평민들의 생활을 알려 주는 자료는 거의 없어. 다만 '신라촌락문서'가 일본에서 발견되어 마을의 규모를 알 수 있단다. 이 자료에는 서원경(오늘날의 충주)에 있던 촌락 네 개 모습이 자세하게 나와 있어. 촌락의 이름과 영역이 기록되어 있고, 사람, 논과 밭, 소와 말뿐만 아니라 뽕, 잣, 가래나무의 수까지 적혀 있어.

희준아, 여기서 눈여겨봐야 할 부분은 바로 나이에 따른 사람 수야. 네 개 촌락 가운데 하나인 사해점촌에 어떤 사람들이 살았는지 살펴보자. 남성은 하인을 포함해서 60명이고, 여성은 70명이야. 여성이 10명 더 많았어. 그런데

사해점촌 마을의 사람 수

연령	남자(명)	여자(명)
1~9세	10	8
10~14세	12	9
15~19세	8 (하인 1)	11 (하녀 1)
20~59세	30 (하인 1)	42 (하녀 5)
합	60	70

다른 나이에서는 남성과 여성의 수가 크게 차이 나지 않는데 20~59세에서는 여성이 훨씬 더 많아.

 다른 마을도 사해점촌과 비슷해. 남자아이와 여자아이 수는 비슷한데 일하는 연령층에서 남성들 수가 적은 까닭이 뭘까? 아마 남성들이 군대에 갔기 때문일 거야. 또 죽은 남성들도 있었겠지. 남성들 수가 적으니까 여성들이 살림을 책임지고 꾸리느라 일을 많이 했을 거야.

등짐을 진 토우 신라 시대에 만든 토우야. 짐을 잔뜩 지고 있구나. 평민들은 농사짓느라 허리 펼 날이 없었지.

네 개 촌에 노비는 모두 25명이었어. 전체 인구 462명 가운데 5.4퍼센트야. 노비가 차지하는 비중이 작았다는 것을 알 수 있지. 나라에서는 노비가 많아지는 것을 좋아하지 않았어. 노비는 독립된 한 사람이 아니라 주인의 소유물이기 때문에 세금을 매길 수도 없고 군인으로 뽑거나 나랏일을 할 때 부를 수도 없었거든.

그리고 '신라촌락문서'에는 60세를 넘은 사람이 없어. 노인층 인구가 거의 없는 것을 보면 오늘날보다 사람들 수명이 짧았다는 사실도 알 수 있어.

땅을 빌려서 농사를 지을 수 있는 백성은 그나마 나은 형편이었어. 하루하루 남의 집에 가서 일을 해 주고 얼마쯤 곡식을 받아서 먹고사는 사람이 많았지. 흉년이 들어 품팔이도 하지 못하면 부잣집 종으로 들어가기도 했거든. 이 시절 효녀로 널리 이름이 알려진 지은의 이야기가 있어.

분황사 동쪽 어느 마을에 지은이란 처녀가 살고 있었어. 지은은 어려서 아버지를 잃고 어머니와 살고 있었는데, 어머니가 장님이었지. 가난한 살림에 품을 팔아 어머니를 모시느라 서른둘이 되도록 결혼을 못 했는데, 흉년이 들어 품팔이도 할 수 없게 됐어.

지은은 생각 끝에 스스로 부잣집에 들어가 종이 되겠다고 했어. 종이 되고 몸값으로 쌀 열 섬을 받았대. 지은은 쌀을 주인집에 맡겨 놓고 날이 저물면 집에 와서 밥을 지어 어머니에게 드리고 새벽이면 그 집에 가서 하루 종일 일을 했어.

며칠이 지난 어느 날, 어머니가 지은을 앉혀 놓고 물었지.

"전에 거친 음식을 먹을 때는 마음이 편하더니, 요즘에는 좋은 쌀밥을 먹어도 창자를 찌르는 듯이 마음이 아프구나. 어찌 된 일이냐?"

어머니가 호되게 꾸짖자 지은은 사실대로 말할 수밖에 없었어.

"나 때문에 네가 종이 되었으니, 내가 빨리 죽는 게 낫겠구나."

어머니와 지은은 서로 부둥켜안고 슬프게 울었어.

가난한 백성들이 하루하루 먹고사는 게 얼마나 힘들었는지 알 수 있는 이야기야.

발해의 공주, 정혜와 정효

발해는 고구려가 멸망한 뒤 그 땅에 세워진 나라야. 한때 발해는 지금의 북한 지역 대부분과 만주, 그리고 러시아 연해주까지 영토를 넓혔어. 그래서 당나라는 발해를 '바다 동쪽의 번영한 나라'라는 뜻으로 '해동성국'이라고 했어. 그런데 아쉽게도 발해의 기록은 남겨진 게 거의 없어. 그래서 오랫동안 발해의 역사는 수수께끼로 남아 있었지. 그러다 발해 공주의 무덤이 발견되면서 발해의 역사를 조금 알 수 있게 되었어.

정혜 공주 무덤은 1949년 중국 길림성 돈화시 육정산에서 발견되었어. 1980년에는 중국 길림성 화룡현 용두산에서 정효 공주 무덤이 발견되었고. 정혜 공주와 정효 공주는 발해 3대 문왕의 둘째 딸과 넷째 딸이란다. 정혜 공주 무덤에서는 힘차고 생동감 넘치는 돌사자상 두 개가 발견되었고, 정효 공주 무덤에는 화려한 벽화가 그려져 있었어.

정혜 공주 무덤은 고구려 무덤과 비슷하고, 정효 공주 무덤은 중국의 영향을 받았어. 두 무덤을 보면 발해가 고구려의 전통을 이어받았으면서도 한편으로는 당나라의 문화를 활발하게 받아들였다는 것을 알 수 있지.

정혜 공주와 정효 공주 무덤에서 묘지가 발견되었기 때문에 무덤 주인이 누구인지 알 수 있었지. 묘지는 죽은 사람이 어떤 사람인지, 어떤 일을 했는지 돌에 새겨 놓은 글이야. 묘비는 무덤 앞에 세우는데 묘지는 무덤 속에 함께 묻어. 당나라 때는 묘지를 쓰는 게 크게 유행했어.

정혜 공주는 남편과 어린 아들을 잃고 혼자 살다가 마흔 살에 죽었고, 정효 공주도 남편과 어린 딸을 잃고 서른여섯에 죽었어. 무덤에 있던 묘지를 보면 공주의 얼굴이나 성격, 부부 관계가 어떠했는지도 알 수 있어.

정혜 공주 묘에서 나온 돌사자상

정효 공주는 궁중에서 태어나 어려서부터 착하기로 이름이 났다. 얼굴은 경수(옥이 열린다는 전설의 나무)에 핀 한 떨기 꽃처럼 아름다웠

정효 공주 묘의 벽화 벽에 무사, 시종, 내시, 악사 등 공주를 지키고 시중을 들 신하들이 그려져 있어. 앞쪽에 그려진 호위 무사는 하얀 얼굴에 입술이 붉은 것으로 보아 여성인 것 같아.

고, 성격은 곤륜산(신선들이 산다는 중국 전설에 나오는 산으로 그리스 로마 신화에서 신들이 사는 올림포스 산과 같은 곳)에서 난 한 조각 옥처럼 고왔다. 공주는 훌륭한 남편에게 시집갔다. 한 수레에 탄 부부로서 친밀한 모습을 보였고, 한 집안 사람으로서 영원히 절개를 지켰다. 공주는 부드럽고 공손하고 우아했으며, 신중하게 행동하고 겸손했다. 부부는 잘 어울렸고, 창포와 난초처럼 향기로웠다.

아버지 문왕은 이렇게 아름답고 훌륭한 공주들이 일찍 세상을 떠났으니 얼마나 슬펐겠니? 문왕은 죽은 딸들을 그리며 나랏일도 하지 못하고 음악을 연주하는 것도 금지시켰다고 해.

묘지의 내용을 보면 왕실에서 공주들에게 따로 선생을 두어 교육을 시켰다는 것도 알 수 있단다.

정효 공주 묘지석

시와 글씨, 예절과 음악은 기본이고 길쌈과 바느질도 가르쳤어.

발해 여장군, 홍라녀

지금까지 입에서 입으로 전해 내려오는 발해의 전설이 여럿 있어. 그 가운데 발해 여장군 홍라녀 이야기 한번 들어 볼래?

홍라녀는 아홉 살 때 집을 떠나 장백성모라는 여신선에게서 무예를 배우고 열여섯 살에 집으로 돌아왔어. 스승은 홍라녀에게 세 가지를 명심하라고 일렀어.

"첫째는 백의 장군 은도바특리와 결혼하고, 둘째 흑탑을 만나면 돌아서고, 셋째 때가 되면 반드시 장백산으로 돌아와 신선의 도를 닦아라."

그때 발해는 거란의 침략을 받고 있었지. 홍라녀는 장군이 되어 전쟁터에 나갔어. 손에는 긴 창을 들고 어깨에는 활을 메고 말에 화살통을 매달았지. 그런데 홍라녀는 스승이 한 말을 잊고 흑수까지 거란군을 쫓아가 흑탑을 만나고 말았어. 홍라녀는 맹렬하게 활을 쏘면서 거란군과 싸웠지만 힘에 부쳤어. 이때 백의 장군 은도바특리가 나타나 홍라녀를 구해 주었지. 두 사람은 평생을 함께하기로 약속했어.

발해의 왕족 대영사는 홍라녀에게 청혼했는데 거절당하고 말았어. 대영사는 은도바특리 때문이라고 생각하고, 그를 여러 차례 모함해 결국 죽였어. 대영사는 왕의 허락을 받고 홍라녀와 결혼할 준비를 했어. 홍라녀는 혼인하는 날 대영사를 죽인 뒤 유서를 남겨 놓고 스스로 목숨을 끊고 말았어.

홍라녀의 관을 동굴에 안치하자 갑자기 산꼭대기에서 물길이 폭포처럼 쏟아져 동굴을 막아 주었대.

홍라녀 전설은 무려 13가지나 돼. 발해가 멸망한 뒤에도 홍라녀 이야기는 계속 이어져 왔어. 발해 유민들이 끊임없이 이야기를 했기 때문이겠지. 발해에도 많은 이야기들이 있었을 텐데 그 가운데 여성 이야기가 전해져 오는 것도 참 흥미로운 일이야.

이 이야기를 보면 발해의 풍속 몇 가지를 알 수 있어. 발해 사람들이 말타기와 활쏘기를 즐겨 했다는 것을 알 수 있지. 더구나 남성만이 아

니라 여성도 즐겨 했나 봐.

  발해는 거란의 침략으로 멸망했는데 홍라녀는 무예를 익혀 거란과 치른 전쟁에 참여했어. 그러니까 홍라녀는 거란과 맞서 싸운 여성 영웅이야. 전해오는 이야기 중에 "발해 사람이 용맹해서 셋만 있으면 범 한 마리를 당할 수 있었다."라는 말이 있는데 홍라녀를 보니 그 뜻을 짐작할 수 있구나.

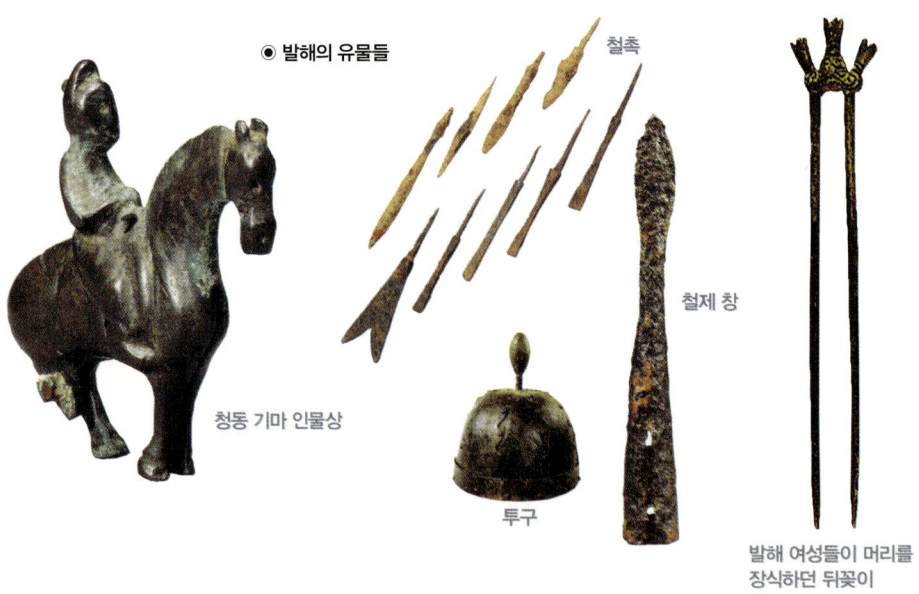

◉ 발해의 유물들

청동 기마 인물상
철촉
투구
철제 창
발해 여성들이 머리를 장식하던 뒤꽂이

발해의 흥미로운 풍습들

발해는 다양한 민족이 모여서 세운 나라이기 때문에 여러 민족의 풍습이 섞여 있어. 그래서 우리가 알고 있는 풍습과 다른 모습이 많아. 발해 사람들이 인사하는 모습은 우리와 많이 달라. 남자는 인사할 때 무릎을 꿇고 절을 하는데 여자는 무릎을 꿇지 않았단다. 유럽에서 기사들이 왕에게 인사할 때와 비슷하지. 이 밖에도 발해에는 흥미로운 풍습들이 있어.

발해 남성들은 첩을 얻지 못했어. 남성들이 한 여성만을 사랑해서 그런 것은 아니야. 여성들이 무서워서 첩을 두지 않았다는구나.

> 대체로 다른 성씨들과 10자매(의자매)라는 관계를 맺어 번갈아 남편들을 감시하여 첩을 두지 못하게 한다. 어느 집 남편이 바람을 피웠는데 그 아내가 깨닫지 못하면 아홉 자매가 떼 지어 가서 비난한다. -《발해국지장편》

이렇게 자매들이 똘똘 뭉쳐서 혼을 내는데 누가 첩이 되고 싶겠니?

발해 여성들은 남성처럼 옷 입는 것을 즐기기도 했지. 정효 공주 무덤에 그려진 벽화를 보면 공주를 시중드는 여관이 남장을 하고 있어.

6_남성이 장가드는 나라, 고려

고려 시대 사람들은 큰아들인지 작은아들인지, 딸인지 아들인지를 따지지 않고 재산을 골고루 나누어 주었단다. 좋은 토지인지 나쁜 토지인지 하나하나 따져 차별 없이 똑같이 나누었고 그에 따른 책임도 함께 나누었어. 제사도 형제자매들이 돌아가면서 지냈어.

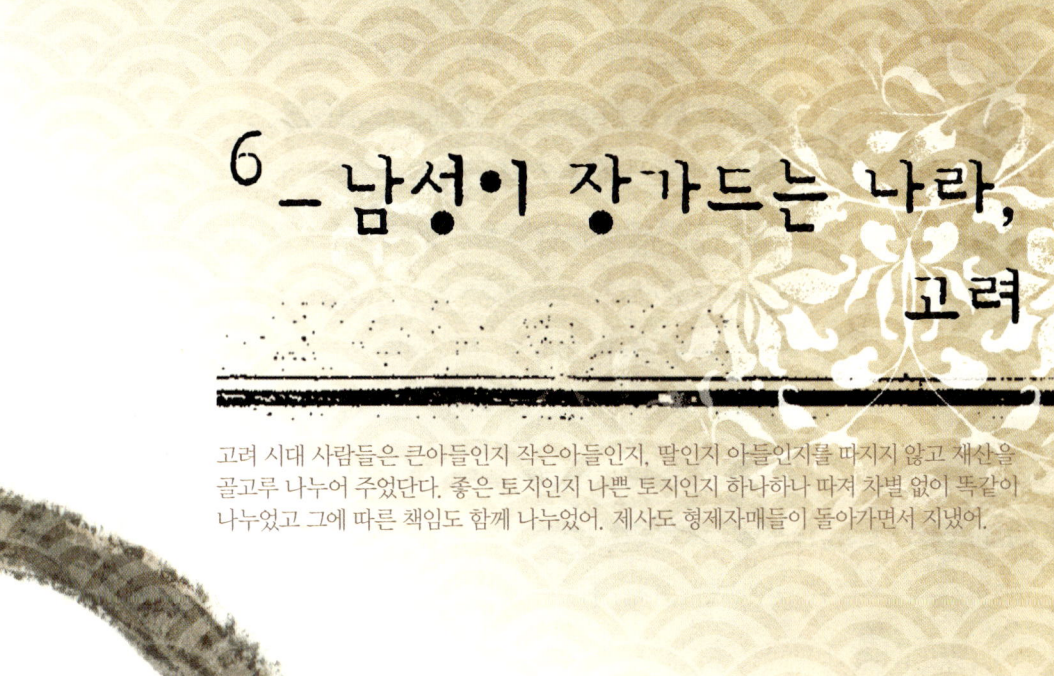

발해가 거란족의 침입으로 무너질 즈음 신라에서는 어지러운 나라를 바꾸고 새로운 나라를 세우려는 세력들이 나타났어. 이들은 지방에서 살며 힘을 키운 세력인데 '호족'이라고 해. 견훤, 궁예, 왕건 같은 이들이 이름난 호족이야. 왕건은 지방 호족들의 힘을 하나로 모아 새로운 통일 왕조인 고려를 세웠어.

　고려 태조 왕건은 여전히 지방에서 힘을 갖고 있는 호족을 끌어들이기 위해 호족의 딸들과 결혼했어. 왕건은 신라 공주를 비롯해 27곳 가문의 딸들과 결혼했지. 그래서 왕건은 부인이 무려 29명이나 되었단다.

　고려 귀족들은 왕족과 결혼해서 자신들의 힘을 키웠어. 물론 고려 시대에도 혼인은 같은 신분끼리 했지. 귀족 가문의 딸은 조건만 맞으면 십 대에 결혼했지만 그렇지 못하면 이십 대를 훌쩍 넘기는 일도 많았대.

　고려 시대 결혼 풍습이 어땠는지, 또 고려 여성의 지위는 어떠했는지 알아보자.

아버지가 갓, 신발, 종이를 남긴 까닭은

결혼 생활을 신부 집에서 시작했던 고구려의 풍습 생각나지? 이 풍습은 고려에도 이어졌어. 남자가 여자에게 장가가는 풍습은 사람들 삶에도 영향을 주었지.

고려 시대에 부모들은 자식들에게 재산을 어떻게 나누어 주었을까? 아들에게 많이 주었을 거라고? 그렇지 않아. 고려는 아버지 쪽 혈연만을 중요하게 여기는 사회가 아니었어. 고려 시대에 재산 상속을 어떻게 했는지 알 수 있는 재미난 이야기가 있단다.

고려 고종 때 손변이라는 사람이 경상도 안찰사로 있을 때 어떤 남매의 재판을 맡았어. 남매의 홀아비가 주기 전에 유언을 남겼는데 유언장에는 '집안 재산은 모두 큰애가 갖고 작은애에게는 옷과 갓 한 벌, 신발 한 켤레, 종이 한 묶음을 주도록 하라.'고 적혀 있었지. 유언대로 재산은 누이가 모두 차지했어. 동생은 당연히 못마땅했지. 나이가 들어 누이에게 재산을 나누어 달라고 했지만 누이는 아버지 유언이라며 들어주지 않았어. 결국 동생은 관에 찾아와 재판을 부탁한 거야.

손변은 두 사람을 불러 아버지가 돌아가실 때 몇 살이었는지 물었어. 누이는 이미 시집간 뒤였고, 동생은 더벅머리에 이빨을 갈 나이였다고 했지. 손변은 그제서야 남매의 아버지가 왜 그런 유언을 했는지 알아차렸어. 손변은 조용히 누이를 타일렀어.

"그때 네 동생이 의지할 곳이 누이 말고 어디 있었겠느냐. 만약 아버지가 재산을 똑같이 나누어 주었더라면 네가 동생을 잘 돌보지 않았을 터이지? 네

아버지가 너에게 재산을 다 주고 동생에게는 옷과 갓, 신발, 종이를 준 까닭이 무엇이겠느냐. 네 동생이 크면 이 종이로 소장을 만들고, 이 옷을 입고, 갓을 쓰고, 신발을 신고 관에 가서 고소하라는 뜻일 게다."
손변은 두 사람이 재산을 절반씩 나눠 갖도록 했다는구나.

고려 시대 사람들은 큰아들인지 작은아들인지, 딸인지 아들인지를 따지지 않고 재산을 골고루 나누어 주었단다. 이야기에서는 아들이 어렸기 때문에 특별한 경우고, 땅도 좋은 토지인지 나쁜 토지인지 하나하나 따져 차별 없이 똑같이 나누었고, 그에 따른 책임도 함께 나누었어. 제사도 아들만 지내는 게 아니라 형제자매들이 돌아가면서 지냈어. 보통 절에서 제사를 지내고 아들과 딸이 돌아가며 그 경비를 냈다는구나.

다양한 가족 구성원

희준아, 호주제라는 말 들어 봤니? 호주제는 남성만을 한집안의 어른으로 인정하는 제도야. 호주제는 오랫동안 시행되다가 최근에 폐지됐어. 호주제를 없애면 안 된다는 사람들은 아버지 핏줄을 중요하게 여기는 것이 우리 전통이라고 주장해. 물론 할아버지, 아버지 핏줄만 중요하게 생각한 때도 있었지만 우리는 아주 오랫동안 아버지와 어머니 핏줄 모두를 중요하게 여겼어. 고려 시대도 그랬어.

고려 시대 남성들은 결혼하면 처갓집에서 살았어. 아내의 부모인 장인과 장모가 사위를 자식처럼 돌봐 줬지. 조선 초기까지도 이어진 고유한 풍습이었어. 앞서 말했듯 재산도 딸, 아들 구별 없이 균등하게 상속했잖아. 사위나 외손주까지 상속을 받기도 했어. 사위가 출세하면 아들이 출세하는 것과 마찬가지로 가문이 빛나는 일로 여겼고 반대로 죄를 지으면 함께 벌을 받아야 했어.

고려 시대 가족을 살펴보면 대가족을 이루고 사는 가족도 있었지만 대부분 식구 수가 적었어. 그리고 가족 구성원도 우리가 생각한 것보다 훨씬 다양했지.

정도전의 아버지 운경은 어머니가 돌아가시자 이모 집에서 자랐고, 외삼촌을 따라 개경에 가서 공부했어. 고려 말기 문신인 이공수는 어머니가 돌아가시자 누나 집에서 살며 매부를 아버지처럼, 누나를 어머니처럼 섬겼다고 해. 허공은 처제의 딸을 길렀고, 감찰어사를 지낸 이승장의 어머니는 재혼할 때 전남편의 아들인 승장을 데려가서 키웠지.

남편이 죽어 혼자 된 여성은 친정이나 오빠 집에서 지내다가 재혼도 했대. 이때는 여성들의 재혼이 자유로웠어. 남편이 죽고 혼자 사는 여성이 옆집에 드나드는 남성을 보고 짝사랑하는 마음을 시로 썼는데 한번 들어 봐.

말 위의 저 분은 어느 집 도련님인지
이래 석 달이 넘도록 모르옵더니
이제야 알았소 김태현인 줄을
가는 눈 긴 눈썹 암암히 내 정에 드오

　사랑하는 마음을 담아 시로 써서 창틈으로 건넸지. 그 다음에 어떻게 되었을까? 안타깝게도 김태현은 그 여성의 사랑을 받아 주지 않았다는구나.

　고려 시대에는 불교 행사나 동네 모임에서 남녀가 자유롭게 어울렸어. 그래서 자유연애를 해서 결혼하는 경우도 있었어. 하지만 자기가 마음에 드는 짝을 만나도 부모가 허락을 해야만 결혼할 수 있었지. 신분이 다른 남성과 여성이 만나서 결혼할 때는 관가의 허락을 받아야 해. 관가의 허락을 받지 않고 결혼하면 크게 벌을 받았어. 이는 평민과 천민이 함부로 섞이는 것을 막으려는 목적이었어.

고려 시대 부부 초상화 고려 시대 관리와 그 부인의 영정이야. 그림이 그려진 것은 조선 시대 후기란다.

고려 시대 여성의 지위

희준아, '출가외인'이라는 말 들어 봤지? 딸은 결혼하면 남이나 다름없다는 뜻이야. 하지만 고려 시대에는 이런 말도 없었고, 이런 생각도 하지 않았지. 고려의 여성은 결혼한 뒤 반드시 시집에 가서 살 필요가 없고, 친정 부모를 모실 수도 있었어. 김묘와 결혼한 민 씨는 결혼한 뒤에도 친정에서 살며 10년 동안 어머니를 모셨어. 어머니가 죽은 뒤에는 결혼한 딸이 개경으로 오라고 했지만 어머니 무덤을 두고 갈 수 없다며 그곳에서 살다 죽었다고 해.

부부 관계에서도 아내가 남편에게 일방적으로 얽매여 살지 않았어. 결혼한 여성도 친정 부모에게서 받은 자기 몫의 재산을 가지고 있었거든. 고려 시대 사람들은 절에 시주할 때도 남편과 아내가 따로따로 자기 몫의 재산에서 시주하는 일이 많았어. 그리고 남편이 죽은 뒤 남편의 재산은 아내가 가졌다고 해.

아들과 딸의 차별도 심하지 않았어. 호적을 기록할 때도 아들, 딸 구별 없이 태어난 순서대로 기록했지. 그리고 어른이 된 아들이 있어도 어머니가 호주가 되기도 했어.

고려 시대 여성은 당당하게 자기 목소리를 낼 수 있었을 거야. 그런데 여성이 재산을 물려받을 수 있었기 때문에 남성들은 부와 권력을 얻기 위해 결혼을 하기도 했어. 그래서 더 나은 조건을 가진 여성이 있으면 아내가 있는데도 또 결혼을 하거나 아내를 버리고 다시 결혼을 하기도 했다는구나.

고려 여성들의 유행

고려 시대 귀족 여성들은 나들이 갈 때 저고리, 치마 위에 백포(예복으로 겉에 입는 흰 도포)를 입고 다녔어. 저고리도 폭이 넓어서 여러 겹으로 감싸서 입었고, 치마도 폭이 넓고 길었어. 보통 치마 안에 속바지를 입었는데 치마 위에 입는 바지도 있었대. 주로 말을 탈 때 입었다는구나.

나들이 갈 때 머리쓰개도 쓰고 다녔어. 머리쓰개는 몽수라고도 했는데 이마까지 내려 썼어. 몽수가 어찌나 길었는지 땅에 끌릴 정도였대. 비단으로 만든 몽수는 값이 백금 한 근이나 되었다니, 꽤 비싼 장식품이었지.

그리고 손에 부채를 들고 향주머니를 차는 게 유행이었어. 향주머니가 몇 개인지에 따라서 얼마나 부자인지 알 수 있었다는구나. 부채는 비단으로 만들었는데 손잡이에 화려한 장식을 하고 구멍을 뚫어 향을 넣기도 했어.

금강산 찾아가기

고려 시대에 불교는 여성들의 삶에서 중요한 부분을 차지했어. 출가하여 비구니가 된 여성도 많았어. 귀족 여성들은 나이 들어 죽을 때가 되면 다음 생의 복을 빌며 비구니가 되어 법명을 받고 죽음을 맞이했지. 또 죄를 짓거나 가난해서 비구니가 되는 경우도 있었고.

여성들은 유명한 절이나 금강산 같은 성지를 찾아다니기도 했어. 금강산은 예로부터 부처가 머무는 곳으로 알려져서 불교를 믿는 사람들은 꼭 한번 가 보고 싶어 하는 곳이었어. 얼마나 많은 사람들이 찾아갔을까? 고려 말기의 학자 이곡은 금강산을 찾은 사람들의 모습을 이렇게 설명했어.

> 금강산은 우리나라에서 으뜸인데, 세상에서는 인간 정토라 일러 왔다. 여러 곳에서 여성들이 천 리 길을 멀다 하지 않고 (재물을) 소와 말에 싣고, 등에 지고, 머리에 이고 와서 부처님과 스님들에게 공양하니 이들의 발꿈치가 서로 잇닿았다.

얼마나 많은 여성들이 찾았으면 서로 발꿈치가 닿을 정도였을까? 다른 기록에도 보면 눈보라 치거나 장마가 져서 길이 막힐 때를 빼고는 구경꾼이 줄을 이었다고 해. 아마 금강산은 모든 여성들이 가고 싶어 하는 곳이었나 봐.

고려 시대 여성들에게 절에 가는 것은 집을 벗어나 멀리 여행할 수 있는 기회였

부처님 세계 고려 시대 후기인 1307년에 그린 불화야. 금강산을 배경으로 보살이 앉아 있어.

어. 팔관회나 연등회 같은 불교 행사에서는 남성과 여성이 자유롭게 만날 수도 있었고.

주로 집에서 지내던 여성들이 화창한 봄날, 아니면 단풍이 곱게 물든 가을날, 집을 떠나 금강산에 갈 생각에 얼마나 마음이 들떴을까? 금강산 가는 길에 만나는 사람들, 낯선 동네, 아름다운 풍경 모든 게 새로웠을 거야.

7_원나라의 사위가 된 고려

원나라는 고려에게 공녀를 보내라고 요구했어. 왕실 여성부터 서민 여성까지 10만 명이 넘는 여성들이 원나라로 끌려갔어. 나라에서는 따로 관청까지 만들어 전국 곳곳에서 여성들을 끌고 갔어. 온 나라가 전쟁터나 다름없는 아수라장이 되었지.

　고려 초기에는 문신이 무신이 되기도 하고, 무신이 문신이 되기도 했어. 그런데 전쟁이 없는 평화로운 시간이 계속 이어지자 문신들은 무술을 익힌 무신들을 무식하다고 얕잡아 보았어. 결국 무신들은 문신들의 횡포를 참을 수 없어서 난을 일으켜 권력을 잡았단다. 무신들이 정치를 했다고 해서 이때를 무신 정권이라고 해.
　그즈음 몽골은 중국 땅을 차지하고 원나라를 세웠어. 원나라는 고려를 30여 년 동안 여섯 번이나 침략했고, 고려 땅은 온통 전쟁터가 되었단다. 고려는 더는 버틸 수 없어서 원나라에게 전쟁을 끝내자고 제안했어. 원나라는 이를 받아들였지. 고려 태자가 원나라 황제에게 인사를 하는 것으로 전쟁을 끝냈어. 하지만 그 뒤 고려는 오랫동안 원나라의 간섭을 받았단다.
　이때부터 고려 왕은 원나라 공주와 결혼해야 했어. 원나라 공주가 왕비가 되면서 전부터 내려오던 궁궐의 풍습이 바뀌었지. 또 고려 여성들이 원나라로 많이 가야 했는데, 왜 그렇게 되었는지 알아보자.

금혼령이 내려지다

원나라 공주와 처음 결혼한 고려 왕은 충렬왕이야. 왕비는 원나라 세조의 딸 제국 대장 공주란다. 원나라는 고려의 제도를 황제의 '사위 나라'에 걸맞게 바꾸라고 했어. 이때부터 신하들이 왕을 부를 때 쓰던 '폐하'라는 말은 한 단계 낮은 '전하'로 바뀌었고, 왕위를 이을 아들은 '태자'가 아니라 '세자'라고 불렀어.

그런데 충렬왕은 제국 대장 공주와 결혼하기 전에 이미 정화 궁주와 결혼해서 아들 하나와 딸 둘이 있었단다. 전에도 고려 왕들은 왕비를 여럿 두었지만 그들 사이에 차별은 없었어. 그런데 원나라 공주가 왕비가 되면서부터는 원나라 공주가 더 높은 자리를 차지하게 되었어.

정화 궁주이 호칭은 '정화 원비'로 바뀌었고 그 뒤부터 '궁주'라는 말은 원나라 공주에게만 쓸 수 있었어. 한번은 이런 일도 있었어. 제국 대장 공주가 아들을 낳아 축하하는 잔치를 열었는데 제국 대장 공주와 정화 궁주의 자리를 비슷한 곳에 마련했어. 이를 보고 공주는 화를 내면서 잔치를 그만두게 했지. 원나라 공주는 잔치 때 앉는 자리, 호칭, 옷 따위까지 고려 왕비와 구별을 했단다.

궁궐 밖에서는 어떤 일이 벌어졌을까? 원나라는 고려에게 공녀를 보내라고 요구했어. 왕실 여성부터 서민 여성까지 10만 명이 넘는 여성들이 원나라로 끌려갔어. 나라에서는 따로 관청까지 만들어서 전국 곳곳에서 여성들을 끌고 갔어. 온 나라가 전쟁터나 다름없는 아수라장이 되었지.

공녀 가운데 한 명은 원나라의 황후가 되어 권세를 누렸고, 몇몇은

원나라 대신들의 부인이나 첩이 되어 호화롭게 살기도 했지만 대부분 비참하게 노예처럼 살았어. 게다가 원나라 황제가 죽으면 산 사람을 함께 묻는 순장을 했는데 고려 여성도 함께 묻는 끔찍한 일도 있었지.

그러니 공녀를 뽑는다는 명령이 내려지면 온 나라가 슬픔에 잠겼단다. 고려의 학자 이곡은 이 광경을 보고 다음과 같이 말했어.

사신이 중국에서 올 때마다 사람들은 놀라 '무엇 때문에 왔을까?', '처녀를 잡으러 온 것이 아닌가', '아내와 첩을 데리러 온 것이 아닌가' 한다. 얼마 뒤에 군사가 집집마다 뒤지며 찾는데 만일 여자를 감춘 것을 알면 이웃과 친족을 잡아들여 가두고 매질해서 고통을 주어 찾아내고야 만다……. 이별할 때에는 옷자락을 붙잡고 발을 구르며 넘어져서 길을 막고 울부짖다가 슬프고 분해 우물에 몸을 던져 죽는 자도 있고, 스스로 목매 죽는 자도 있으며 근심 걱정에 기절하는 자도 있으며 피눈물을 쏟아 눈이 먼 자도 있다.

충렬왕은 고려 여성들을 공녀로 보내기 위해 금혼령, 곧 결혼 금지 명령을 내렸어. 13세부터 16세까지 여성은 반드시 나라에 신고한 뒤에 결혼할 수 있다는 법령이었지. 이를 어기는 사람은 벌을 받았어.

원나라는 왜 공녀를 요구했을까? 자기들의 힘을 과시하고 고려를 원나라에 복종시키기 위해서 공녀를 보내라고 했던 거야. 세계 어디에서든지 침략 전쟁 뒤에 흔히 일어나는 일이야. 또 원나라 궁궐에서 일할 궁녀가 필요하기도 했고.

전쟁이 일어나면 누구나 고통스럽지만, 여성들은 이중, 삼중으로 큰 고통을 겪었어. 남성들이 전쟁터에 나가면 농사일을 하면서 가족을 먹여 살려야 했고, 고려 여성처럼 다른 나라에 끌려가서 온갖 수모를 당하기도 했단다.

귀족 여성 염경애를 만나다

고려 시대의 무덤에서 묘지가 발견되었어. 묘지는 죽은 사람이 어떻게 살았는지 써 놓은 글이라고 했지? 묘지를 살펴보고 귀족 여성 염경애의 무덤이라는 걸 알아냈단다. 그리고 고려 시대 귀족 여성들이 어떻게 살았는지도 알게 되었어. 자, 염경애와 인터뷰를 해 볼까?

🙂 12세기에 살았던 염경애 님을 만나 이야기를 나눠 보겠습니다. 염경애 님, 안녕하세요? 먼저 어린이들에게 자신을 소개해 주시겠습니까?

염경애 여러분, 안녕하세요? 내 이름은 경애예요. 내 동생은 정애, 우리 어머니 이름은 지의입니다. 결혼해서도 우리는 이름을 불렀답니다. 고려 시대에는 이름이 없는 여성도 많아요. 이름이 있어도 결혼을 하면 '누구누구의 부인'이라고 부르죠. 하지만 우리 집안에서는 이름을 불렀어요. 이런 가풍을 이어서 나도 딸들에게 귀강, 순강이란 이름을 지어 주었습니다.

🙂 고려 시대 여성들은 주로 어떤 일들을 했나요?

염경애 지금까지 여성들이 살아온 것과 비슷하죠. 먹을거리를 마련하는 일부터 옷을 만드는 일, 제사를 받드는 일, 손님을 잘 접대하는 일들을 해요. 일이 많아 쉴 틈이 없어요.

🙂 옷은 어떻게 만들었나요?

염경애 누에를 길러서 실을 만들고, 새벽부터 밤까지 천을 짜서 바느질을 해요. 길쌈은 어릴 때 배워서 할머니가 될 때까지 해요. 모시와 삼베는 식구들 옷을 만드는 데도 필요하지만, 세금으로 나라에 바치거나 시장에 내다 팔 수도 있어요. 그래서 귀족 여성부터 평민 여성까지 신분에 관계없이 길쌈을 한

답니다. 나도 길쌈을 해서 남편 군복을 여러 벌 만들었어요. 제사는 절에서 지내는데 저고리와 바지도 짓고, 버선도 만들어서 스님들에게 시주했죠. 이럴 때는 손이 열 개라도 모자랄 정도로 바빠요.

🙋 먹을거리도 장만하고 천을 짜서 옷도 만들어야 하니 힘드셨겠네요. 하지만 염경애 님은 귀족이라서 살림을 걱정할 필요는 없었겠어요.

염경애 그래요. 나는 친정집이 부자에다 이름난 집안이었기 때문에 어릴 때부터 큰 어려움 없이 자랐습니다. 그런데 결혼해 보니 시아버님은 호랑이에게 물려 돌아가시고 남편은 시아버님 원수를 갚겠다고 호랑이를 잡으러 다니는

고려 시대에 만든 천 그림을 그린 것처럼 섬세하고 아름다운 천이야. 고려 시대 여인들의 뛰어난 솜씨를 짐작할 수 있지.

데다 3년 상을 치르느라 살림을 돌보지 않는 거예요. 그러니 친정집에서 내 몫으로 상속받은 재산이 있긴 했지만 그렇게 넉넉하지 않았어요. 그래도 나는 남편이나 자식들이 집안 살림은 신경 쓰지 않고 오로지 맡은 일과 공부만 열심히 하기를 바랐어요.

그럼 혼자서 어떻게 살림을 꾸리셨나요? 장사를 하셨나요?

염경애 어휴! 나는 재주가 없어 장사도 못 했어요. 사실 아침저녁으로 시장이 열리면 여성들이 이것저것 한 바구니씩 가지고 나와 사고팔기도 했죠. 귀족 여성들 가운데 장사를 해서 돈을 모은 사람도 많이 있어요.

제국 대장 공주는 일찍부터 잣과 인삼을 중국에 수출해서 돈을 벌었대요. 수출할 물건을 구하려고 내시들을 여러 지역에 보냈는데 잣과 인삼을 기르지 않는 곳에서도 거두어들였으니 백성들이 얼마나 힘들었겠어요. 어느 날 여승이 공주에게 흰 모시를 바쳤는데 매미 날개처럼 가늘고 고왔대요. 꽃무늬도

염경애 묘지명

있고, 공주가 모시를 어디에서 구했냐고 물었어요. 여승이 자기가 데리고 있는 여종이 짠 것이라고 했더니 그 종을 바치라고 했대요.

🙂 네, 그런 일도 있었군요. 그런데 잣이나 인삼, 모시를 사고파는 일 말고 돈을 벌 방법은 없었나요?

염경애 돈이 있으면 고리대를 하는 사람도 많았어요. 귀족 여성들 사이에서는 곡식이나 돈을 빌려 주고 높은 이자를 받는 고리대가 유행했죠. 나는 그렇게 돈을 벌고 싶지는 않았어요. 친정에서 물려받은 재산도 있고, 튼튼한 다리와 손이 있으니 절약해서 살면 되잖아요. 남편이 돈을 벌지 못해서 어려웠지만 길쌈과 바느질을 해서 가정 살림을 꾸렸어요.

🙂 네, 여성들이 집안 살림을 책임지기도 했군요. 말씀 잘 들었습니다.

귀족 여성이라면 아무 일도 하지 않고 가만히 있었을 거라고 생각하기 쉬운데 그게 아니구나. 다른 귀족 여성들은 장사를 하거나 고리대금을 했다는 이야기가 나오네. 고려 시대 여성들이 적극적으로 경제 활동을 했다는 사실을 알 수 있지?

농부 아내의 탄식

고려 후기 지배층인 권문세족(벼슬이 높고 권력이 있는 집안)은 모든 벼슬자리를 차지하고 많은 토지를 가졌으면서도 백성들의 재산을 빼앗았어. 고려 말 윤여형이 쓴 글을 보면 농민들의 삶이 얼마나 어려웠는지 알 수 있단다.

고위 관료와 부호는 농민의 토지를 빼앗고 조세를 이중, 삼중으로 물린다. 그러면서도 자기네 집에서는 하루 먹는 것이 1만 전어치나 되고 그 집 하인은 술에 취해 수레 위 비단 요에 토할 지경이다. 그 좋은 음식들이 모두 다 촌 늙은이 눈 밑의 피인 줄을 그자들이 어찌 알랴?

농민들은 토지도 빼앗기고 세금도 두세 배나 내야 했지. 가난한 사람들은 스스로 권문세족의 노비로 들어가기도 했어. 또 산에서 풀뿌리를 캐다 먹기도 하고 도토리를 주워 삶아 먹기도 했는데 그마저도 배불리 먹지 못했대. 이달충이라는 시인은 '농부 아내의 탄식'이란 시에서 평민 여성의 삶을 애절하게 표현했어.

남편은 홍건적에게 죽고 자식은 변방 지키러 가니

고려 농민들 여성들도 그림에서처럼 밭을 갈고, 벼 베기도 하고, 이삭줍기도 했어. 〈미륵하생경변상도〉에 실린 고려 농민들 모습이야.

이 한 몸의 생계 쓸쓸히기만 히네.
장대를 꽂고 갓과 삿갓을 씌웠으나 새가 이마 위로 오르고,
이삭을 주우려고 바구니를 메니 나비가 어깨를 치는구나.

평민 여성들은 남편을 대신해서 벼농사를 짓고 이삭을 줍고, 벼 베기를 하고 새 쫓는 일을 했어. 그런데 얼마나 힘들었으면 여리디 여린 나비의 날갯짓마저 감당하지 못해 '나비가 어깨를 친다'고 표현했겠니. 앙상하게 마른 여인네가 이삭을 줍는 모습이 눈에 선하구나.

고려병과 설렁탕

고려는 백 년 동안이나 원나라의 간섭을 받았어. 고려 여성들은 강제로 공녀로 뽑혀 원나라에 가야 했어. 왕이 될 세자는 일찍부터 원나라에 가서 그곳 풍습을 배우고 교육을 받았어. 또 원나라 사신들이 고려에 와서 머물기도 하고 장사꾼들이 오기도 했지. 국경을 넘나들며 사람들이 오고 가면서 고려에는 원나라 풍습이, 원나라에는 고려 풍습이 전해졌단다.

고려에서 원나라로, 고려풍(고려양)

고려의 옷과 음식이 원나라에 크게 유행해서 '고려양'이라는 고려의 생활 양식을 가리키는 말도 생겼어.

먹을거리_ 밀가루나 쌀가루 반죽을 튀겨서 만든 과자와 생선국, 인삼주 같은 고려 음식이 유행했어. 지금까지도 고려병(유밀과)이라는 단어가 남아 있대. 우리가 즐겨 먹는 상추쌈도 이때 원나라에 전해졌어.

옷_ 이때까지 원나라 옷은 윗옷과 아래옷이 붙어서 한 벌로 된 원피스였는데 고려의 영향

고려의 여인들 고려 말 관리인 박익의 묘에 그려진 벽화야. 고려 시대 여인들의 옷차림을 알 수 있단다.

으로 저고리와 치마가 나뉘는 투피스가 유행했어.

원나라에서 고려로, 몽골풍

먹을거리_ 요즘 어른들이 마시는 술, 소주는 원래 페르시아 술인데 원나라를 거쳐 고려로 전해졌지. 설렁탕도 이때 들어왔다고 해. 고려는 불교 영향을 받았기 때문에 고기보다 채소를 주로 먹었는데 설렁탕을 비롯한 육식 문화가 이때 널리 퍼졌지.

옷_ 결혼식 때 신부가 볼에 찍는 연지나 머리에 쓰는 족두리는 원나라에서 들어온 것이야. 족두리는 몽골 여인이 외출할 때 쓰는 '고고'라는 모자가 바뀐 거야. 추위를 막아 주는 털모자와 소매가 좁고 허리가 잘록하여 활동하기 편한 원나라 옷(호복)도 유행했어.

족두리

호칭_ 왕과 왕비를 비롯해 궁중의 최고 어른에게 붙이는 '마마', 세자빈을 가리키는 '마노라', 임금의 음식인 '수라' 따위는 모두 원나라 궁궐에서 쓰던 말이야. '벼슬아치'나 '장사치'에 들어가는 말 '치'는 원나라 관리인 다루가치의 '치'에서 온 것이란다.

8_여성이 시집가는 나라, 조선

처가살이를 하고 외손자에게 재산을 물려주는 것은 우리의 오랜 풍속이야. 나라에서 성리학과 중국의 영향을 받아 모든 제도를 만들기는 했지만 백성들이 곧바로 그 제도를 따른 것은 아니야. 그렇게 되기까지는 더 긴 시간이 필요했어.

희준아, 어떤 생각을 하느냐에 따라 사는 모습도 달라진단다. 조선은 고려와 다르게 중국의 성리학을 받아들여 나라의 기본 정신으로 삼았어. 성리학은 유학의 한 갈래야. 나라의 기본 정신이 바뀌었으니 더불어 여러 가지 변화가 나타났어. 결혼 제도나 양반 집의 생김새, 생활 방식까지 곳곳에서 변화가 일어났지.

여성들의 삶도 많이 바뀌었지. 성리학자들은 이미 고려 시대부터 같은 성끼리 결혼하는 것과 여러 번 결혼하는 것을 금지하자고 했어. 고려 때는 잘 지켜지지 않았는데 조선에 와서는 당연하게 여기는 사람이 늘어났어.

그 뒤 성리학은 여성들의 삶에 어떤 영향을 주었을까? 여성들의 지위가 더 좋아졌을까?

조선 시대에 와서 성리학자들이 어떻게 새로운 질서를 만들었는지 살펴보자. 그리고 새로운 질서 속에서 여성들이 어떻게 살았는지도 눈여겨봐.

신사임당의 친정살이와 '친영제'

신사임당은 조선 시대 유학자인 율곡 이이의 어머니로 유명해. 신사임당은 그림을 잘 그리고 시도 잘 짓는 여성이었단다. 신사임당의 그림은 우리나라 사람이라면 누구나 한번쯤 보았을 정도로 유명해. 풀벌레나 꽃들을 얼마나 섬세하게 그렸는지 오늘날에도 사람들은 신사임당의 그림을 보면서 감탄하곤 하지.

신사임당이 살 때만 해도 여성들에게 글을 가르치는 경우가 드물었어. 글을 읽고 쓸 줄 알았던 여성들도 결혼하면 그 사실을 들키지 않으려고 모두가 잠잘 때 남 몰래 책을 읽거나 글을 썼대. 그러니 그림을 그리기는 더 힘들었겠지? 그런데 신사임당은 어떻게 그림을 그리고 시를 쓸 수 있었을까?

신사임당은 열아홉 살에 서울 사람인 이원수와 결혼했어. 그런데 결혼한 뒤에도 거의 20년 동안 강릉에 있는 친정에서 살았단다. 율곡 이이도 서울이 아닌 강릉에서 태어났어.

신사임당의 아버지 신명화가 딸을 너무 아껴서 서울로 보내지 않았다는 말도 있어. 하지만 아무리 사랑하는 딸이라고 해도 사대부가 법을 어기면서까지 딸을 데리고 있지는 않았겠지. 사실 그때까지도

신사임당이 그린 포도 알알이 익어가는 포도를 생생하게 그렸어.

우리 결혼 풍습은 여전히 처가살이였단다. 신부 집에서 신혼살림을 시작하고 신랑은 자신의 본가와 처가를 왔다 갔다 했어. 신사임당만 특별하게 친정에서 지낸 것이 아니라는 얘기야.

신사임당의 아버지 신명화는 강릉에 사는 이사온의 외동딸과 결혼했어. 결혼한 뒤 신사임당의 어머니인 이 씨 부인은 남편을 따라 시댁이 있는 서울로 올라갔지. 그런데 강릉 사는 친정어머니가 아팠단다. 이 씨 부인은 자식이라고는 오로지 자기 하나인데 늙고 병든 어머니를 홀로 살게 할 수 없다며 '각자 자신의 부모를 모시는 게 어떻겠느냐'고

남편에게 제안을 했어. 그래서 이 씨 부인은 강릉에 살고, 남편 신명화는 서울과 강릉을 오가며 살게 된 거야. 두 사람 사이에 태어난 딸 다섯은 모두 강릉에서 자랐지.

더 흥미로운 것은 신사임당의 부모뿐만 아니라 외할머니, 외할아버지도 그랬다는 사실이야. 신사임당의 외할아버지 이사온도 결혼한 뒤 처가에서 딸을 낳고 살았지. 그러니까 신사임당이 태어나고 자란 집은 외할머니 때부터 살았던 곳이야. 신사임당도 결혼 뒤 곧바로 시댁이 있는 서울로 가지 않고 친정에서 살면서 자식들을 낳고 기르는 게 자연스러웠을 거야.

신사임당이 다른 사람 눈치를 살피지 않고 글을 쓰고 그림을 그릴 수 있었던 것은 친정에서 지원해 주었기 때문이지. 신사임당의 어머니 이 씨는 외손자인 율곡 이이에게 서울에 있는 집 한 채와 토지를 주어 자신의 제사를 지내도록 했단다.

그런데 조선 초기 정도전 같은 성리학자는 '처가살이 결혼' 때문에 여성들이 교만하다고 하면서 송나라 결혼 제도인 '친영제'를 따라야 한다고 했어. '처가살이 결혼'은 신부 집에서 결혼식을 하고 신혼살림도 하는 거잖아. '친영제'는 신랑이 신부 집에 가서 신부를 데려와 신랑 집에서 결혼식을 하고 사는 것을 말해.

조선 4대 왕인 세종은 왕실에서 모범을 보여야 한다는 생각으로 숙순 옹주를 친영제에 따라 결혼시켰단다. 그러나 오랫동안 이어져 온 결혼 풍습이 쉽게 바뀌지 않았어. 조선 중기까지도 사람들은 처가살이 결혼 풍습을 지켰기 때문에 재산 상속이나 제사 지내는 방식도 고려 시대와 크게 다르지 않았지.

백성들이 새 제도를 따르지 않자 13대 왕인 명종 때에 대신들은 처가살이 풍습과 친영제를 섞은 새로운 결혼 풍습을 생각해 냈어. 신랑이 신부 집에 가서 결혼식을 치르고 며칠 신부 집에 머물렀다가 신부와 함께 신랑 집으로 돌아오는 거야. 지금 우리가 알고 있는 전통 결혼과 같아.

그래도 여전히 결혼식을 신부 집에서 하고 신부는 그대로 자기 집에 머물며 아이를 낳아 기르다가 한두 해 지나서야 아이와 함께 시집으로 가는 사람이 많았어. 신랑은 자기 집과 신부 집을 오가며 살았고. 일거리가 많고 바쁜 농사철은 자기 집에 가서 일하다가 일거리가 적을 때는 신부 집에 와서 지내지. 이를 '해묵이'라고 하는데 몇 십 년 전까지도 이런 풍습에 따라 결혼하는 곳이 있었단다.

여성은 재혼할 수 없다고?

조선 시대에는 아버지 쪽 조상이 같은 사람끼리는 결혼할 수 없었어. 이런 제도를 '동성동본 금혼제'라고 해. 이것도 중국 제도를 그대로 받아들인 거야. 고려 시대부터 동성동본끼리 결혼하는 것을 막으려고 했지만 잘 되지 않았어. 조선 시대에 와서 법으로 정해지고 양반들을 중심으로 널리 퍼졌지.

또 조선 시대 남성들은 '겹치기 결혼(중혼)'을 할 수 없었어. 고려 시대 남성들은 아내가 있는데 또 결혼해서 아내가 둘 또는 셋인 사람도 있었어. 조선 시대에는 겹치기 결혼을 하면 벌을 받았으나, 첩은 둘 수 있었고 재혼도 할 수 있었어.

성리학이 널리 퍼지면서 조선 사회는 부계 직계 가족 제도로 바뀌었어. 부계 직계 가족 제도를 튼튼하게 하는 또 다른 제도가 '재가녀 금고법'이야. '재가'는 한 번 결혼했던 여성이 남편이 죽은 뒤 다시 결혼하는 일, 곧 재혼을 말해. '금고'는 죄가 있는 사람은 과거 시험을 볼 수 없게 하는 거야.

재가녀 금고법은 '재가한 여성의 자식은 과거 시험을 볼 수 없게 하는 법'이지. 재혼한 여성을 벌하는 것이 아니라 그 자식들이 관리가 될 수 없도록 하는 제도야. 자식의 앞길을 막으면서까지 재혼할 어머니는 없으리라 생각하며 만들었겠지.

고려 시대에 여성의 재혼은 자연스러운 일이었어. 물론 이때도 남편이 죽은 뒤 재혼하지 않고 혼자 사는 여성을 칭찬하기는 했지만 재혼했다고 욕하거나 손가락질하지는 않았어. 재혼을 해서 왕비가 된 경우도 있었거든. 그런데 조선 시대에는 여성이 재혼하는 것은 사회 질서를 무너뜨리고 인간의 도리를 저버리는 짓이라며 벌한 거야.

그렇다고 해서 재가녀 금고법이 조선이 세워진 뒤 곧바로 실시된 것은 아니야. 생

부계 직계 가족 제도

예전에는 어머니와 아버지 핏줄 모두 중요하게 생각했잖아. 조선 후기가 되면서 아버지 핏줄을 중심으로 한 부계 직계 가족 제도가 완전히 자리 잡았어. 딸은 결혼하면 다른 집안사람으로 여기는 '출가외인'이라는 생각이 깊어졌고, 그러면서 딸들한테는 재산을 물려주지 않게 됐지. 아들들 사이에서도 큰아들이 재산의 대부분을 받았어. 부모님이나 조상들의 제사를 받드는 일도 달라졌어. 형제들이 번갈아 가면서 지내지 않고 큰아들이 모든 제사를 도맡게 되었지. 자연스레 큰아들이 집안의 중심이 된 거야. 대대로 큰아들로 이어져 온 종갓집이 집안의 중심이 되었지. 몇몇 여성들은 새롭게 권리를 얻기도 했어. 맏며느리가 아들을 낳으면 온 집안의 살림을 도맡는 자리를 차지할 수 있었어. 하지만 아들을 낳지 못하면 쫓겨나기도 했지. 여성은 아들을 낳아야만 제대로 대접받게 된 거야.

각해 봐. 수천 년을 이어 온 관습이 있는데 나라에서 법을 만들었다고 해서 모든 사람이 하루아침에 바뀔 수는 없지. 그래서 처음에는 여성들도 어느 정도 자유롭게 재혼을 했어. 다만 세 번 결혼하는 일은 문제가 있다고 해서 꺼려 했지.

성종 8년(1477년)에 관리들 사이에서 여성의 재혼 금지를 둘러싸고 논쟁이 벌어졌어. 관리 46명이 모여 토론을 벌였는데 42명은 재혼을 찬성하고 4명만 반대했다는구나. 그래도 이때는 재혼을 찬성하는 사람이 많아서 재가녀 금고법은 실시되지 않았어. 그런데 8년 뒤인 성종

16년에는 재가녀 금고법이 시행되었단다. 처음에는 주로 양반 여성들의 재혼을 금지했지만 시간이 갈수록 평민 여성들도 재혼을 할 수 없게 되었어.

사랑채와 안채

조선 시대 여성들이 읽던 《내훈》이라는 책에는 여성과 남성은 일곱 살 때부터 같이 앉거나 얼굴을 보면 안 된다고 나와 있어.

엄마가 학교에 다닐 때까지도 이 영향이 남아 있었어. 초등학교 때는 1학년부터 3학년까지 여자와 남자가 같은 반에서 공부했는데 4학년부터는 남자는 남자끼리, 여자는 여자끼리 한 반이 되었어. 그리고 여자와 남자가 한 교실에서 공부해도 남자와 여자가 짝꿍이 되는 것이 아니라 대개 여자는 여자끼리, 남자는 남자끼리 앉았어. 지금처럼 한 반에서 함께 공부하는 일은 그렇게 오래된 일이 아니야.

여성과 남성이 자유롭게 만나면 안 된다는 생각은 유교 경전에 나와 있단다. 《예기》라는 책에 이런 구절이 있어.

집을 지을 때에 밖과 안을 구별하여 남자는 밖에 거처하고 여자는 안에 거처하도록 하여 서로 왔다 갔다 하는 일이 없도록 문단속을 철저히 한다. 남자는 필요할 때가 아니면 여자 방에 들어가지 않고, 여자는 필요하지 않으면 자기 방에서 나오지 않는다.

양반집에서는 여성과 남성이 서로 마주치지 않도록 집 안에서도 여성이 지내는 곳과 남성이 지내는 곳을 나누었어. 조선 시대 양반들이 살던 집을 보면 남성들이 쓰는 사랑채와 여성들이 지내는 안채로 나뉘어져 있어. 물론 이런 구분은 조선 초기부터 나타난 것은 아니고 조선 중기부터 나타나 조선 후기에 널리 퍼졌지.

조선 중기부터 서서히 사랑채를 따로 지었어. 그전에는 살림채 앞쪽에 대청이 딸린 사랑방이 있었지. 그런데 사랑채가 점점 커지면서 나중에는 사랑채를 아예 따로 지었어.

남자아이는 일곱 살이 되면 어머니 품을 떠나 사랑채에서 글공부를 시작했고, 여자아이는 안채에서 바느질을 익혔어. 부부라 하더라도 따로따로 침실을 가져야 한다는 원칙이 점차 확실해지면서 안채와 사랑채를 담으로 막고 작은 출입문을 만들었단다.

사랑채(왼쪽)와 안채(오른쪽) 오늘날 남아 있는 양반의 집이야. 대문을 들어서면 남자가 생활하는 사랑채가 있고, 안쪽으로 더 들어가면 여성들이 생활하는 안채가 있어. 사진은 추사 김정희가 살던 집이란다.

사랑채가 따로 떨어져 나오기 시작한 때는 부계 직계 가족 제도가 자리 잡으면서부터야. 이렇게 여성과 남성을 나누는 성리학의 가르침은 집 모양까지도 바꾸었단다.

"여성들은 하지 마시오!"

조선 시대 초기에는 옛 풍습을 바꾸기 위해 새로운 제도를 많이 만들었어. 그중에는 여성들에게 "이런 일은 하지 마시오." 하는 금지 조항이 많았어. 모든 여성들이 지켜야 했지만 특히 유교의 가르침을 중요하게 여기는 양반 가문에서 여성들에게 강요했단다.

거리에 나가 행사를 구경하면 안 돼! 고려 시대 여성들은 나라에서 여는 불교 행사나 큰 잔치를 마음대로 구경했어. 조선이 세워진 뒤에도 얼마 동안은 큰 행사가 있을 때마다 여성들이 거리로 몰려나왔어. 성리학자들은 거리에 나온 여성들을 보고 이렇게 말했대. "여성들이 거리에 모이고 난간에 기대어 거리낌 없이 구경하니 부끄럽습니다. 이는 여성이 해야 할 도리에 어긋나는 일입니다. 이제부터 여성들이 구경하는 것을 금지해야 합니다."

꽃놀이도 안 돼! 고려 시대 여성들은 금강산이나 집 가까이에 있는 산에 가서 정신을 가다듬고 제사를 지내곤 했어. 이런 일들은 조선 시대 초기에도 있었지. 그러자 성리학자들은 "부인들이 바깥에서 꽃놀이를 하면 안 된다."고 왕에게 빗발치듯 상소를 올렸어. 조선 시대의 법전 《경국대전》에는 "양반집 여성으로 산이나 물가에서 놀이나 잔치를 하고, 산천에 직접 제사를 지낸 자는 장 1백 대를 맞는다."고 기록되어 있단다. 물론 이 제도는 거의 시행되지 않았지만 마음만 먹으면 언제든지 할 수 있었어.

절에 가면 안 돼! 여성이 자유롭게 절에 가는 일도 금지했어. 그래도 여성들은 절에 가는 것을 그치지 않았단다. 불교가 오늘날까지 이어져 온 것은 여성들의 힘이라고 할 수 있지.

얼굴을 드러내고 다니면 안 돼! 조선 시대 양반 여성들은 외출할 때 다른 사람이 맨 얼굴을 보지 못하게 하려고 쓰개치마나 장옷을 걸쳤어. 남편이나 자식이 아닌 남성과는 말을 하거나 손이 닿아도 안 되고, 쳐다봐도 안 됐어.

양반 여성들은 어려서는 집 안에서 바느질이나 예의범절을 배워야 했어. 결혼한 뒤에는 집안 살림을 하며 사랑채에 드나드는 손님을 대접하고, 제사를 지내고, 바느질을 하고 아이들을 길렀지. 온 종일 집 안에서만 종종거리며 일을 해야 했어. 평민 여성들은 바깥출입이 자유로웠지만 양반 여성들은 집 울타리를 벗어나는 게 힘들었지. 조선 후기에 가면 평민 여성들에게도 이런 규율을 강요했어. 성리학이 여성들의 삶에 어떤 영향을 주었는지 머릿속에 그림이 그려지니? 희준이가 조선 시대 양반 집안의 딸로 태어났다면 어떤 생각을 하며 살았을까?

달맞이 정월 대보름날 달맞이를 하러 사람들이 모였어. 왼쪽의 여성들은 담장 안에서 달을 보고 있구나.

열녀가 가문의 영광이라고?

1592년 일본이 우리나라를 침략했어. 전쟁은 7년 동안 계속되었단다. 그리고 1636년에는 청나라가 10만 명이 넘는 군사를 이끌고 조선에 쳐들어왔어. 이것이 임진왜란과 병자호란이야. 전쟁 동안 백성들은 나라를 지키기 위해 의병을 일으켜 침략자와 맞서 싸우기도 했지.

오랜 전쟁으로 사회가 어지러워지자 나라에서는 충신이나 효자, 열녀를 열심히 찾아내어 상을 줬어. 나라에 충성하고, 부모에게 효도하고, 남편에게 절개를 지키는 것이 성리학의 바탕을 이루는 사상이거든. 이런 사람들에게 상을 주는 일은 조선을 튼튼하게 만드는 일이라

열녀문 송정각 영조 임금이 1729년에 내린 열녀문이라고 해. 열녀문의 주인공 이 씨는 어느 날 남편이 중병으로 눕게 되자 약을 구하고 밤새워 간호하고 손가락에 피를 내어 남편에게 먹이는 등 정성을 다했어. 하지만 남편은 죽고 말았지. 남편이 세상을 떠난 뒤 부인 이 씨는 음식을 먹지 않고 슬퍼하다가 죽게 되었대. 그때 이 씨의 나이가 이십대 후반이었다는구나.

고 생각한 거야. 열녀문이 많이 만들어진 것도 이때였지.

　조선 초기에도 열녀문을 받은 여성들이 있었는데 대개 남편이 죽은 뒤 재혼하지 않고 혼자 사는 여성들이었어. 조선 후기에는 재혼하지 않은 것만으로는 열녀로 인정받기 힘들었어. 결혼하자고 약속한 상태에서 약혼자가 죽었다고 처녀 과부로 평생 혼자 사는 여성들이 있을 정도였거든. 그래서 열녀로 인정받기 위해 남편이 죽으면 따라 죽기도 했어.

　왜 그런 일이 일어났을까? 조선 후기 양반들은 여러 층으로 나누어져 있어. 대대로 높은 벼슬을 한 가문이 있는가 하면 낮은 관리직을 얻어 양반 체면을 겨우 유지하는 집안도 있고, 몇 대째 벼슬을 못 해 평민보다 못한 양반과 직접 농사를 지어 먹고 사는 양반 그리고 빈털터리에 가까운 양반도 있었어. 며느리나 딸이 죽어 집안에서 열녀가 나오면 더할 나위 없는 가문의 영광인데다 몰락한 양반은 옛 영화를 되찾을 기회를 얻는 거야. 그래서 집안사람들은 남편이 죽어 홀로 남은 여성에게 은근히 '따라 죽기'를 강요했어.

　가장 낮은 신분인 천민이 열녀가 되면 평

《삼강행실도》 열녀편 《삼강행실도》는 충신, 효자, 열녀 이야기들을 뽑아 그림과 글로 꾸민 책이야. 이 장면은 한 여성이 남편의 시신을 지고 오다가 낯선 남자에게 우연히 한쪽 팔을 잡히자 그 팔을 잘라 내는 모습이야.

민으로 신분을 올려 줬어. 평민이 열녀가 되면 세금을 면제시켜 주었지. 평민들은 1년에 엿새쯤 도로나 관청 따위를 고칠 때 나가서 품삯도 안 받고 일을 하는데 이를 '부역'이라고 해. 부역은 보통 엿새로 정해져 있지만 실제로는 한 달이 넘도록 일하는 경우가 많아서 백성들은

이 일을 피하고 싶어 했어. 그런데 효자나 열녀가 되어 상을 받으면 부역을 면제받을 수 있었던 거야.

열녀로 인정되면 먼저 열녀문을 세우고, 어떻게 열녀가 되었는지 널리 알렸어. 평민이나 천민 여성이 열녀문을 하사받으면 온 고을이 요란했지. 고을 수령의 자랑거리이기도 했거든. 그만큼 국가의 뜻을 백성들에게 잘 전했다고 인정받았기 때문이야.

조선 후기에는 열녀들의 이야기를 책으로 엮어 여성들이 읽을 수 있도록 했어. 이런 책들을 '열녀전'이라고 했는데 열녀전은 하나같이 남편이 살아 있을 때 정성을 다하지 못한 자신을 나무라며 주위에서 말리는데도 남편을 따라 죽는 여성이 주인공이야.

실제 열녀들의 목소리가 담긴 글이 별로 남아 있지 않아서 그들의 속마음이 어떠했는지 제대로 알 수는 없어. 그렇지만 얼마나 힘들게 살았는지 짐작할 수 있는 이야기가 있단다. 박지원이 쓴 《열녀 함양 박씨전》에 이런 이야기가 있어.

어떤 과부가 자기 아들과 이야기를 하다가 품속에서 동전 한 닢을 꺼내며 물었다.

"이 동전에 윤곽이 있느냐?"

"없습니다."

"이 동전에 글자가 있느냐?"

"없습니다."

어머니는 눈물을 흘리며 말했다.

"이 동전은 십 년 동안 만져서 닳은 것이다……. 나는 일어나 이 동전을 꺼내어 굴리고는 어두운 방 안을 손으로 더듬어 찾는데, 동전은 둥그니 잘 굴러 가나 문지방에 닿아 멎게 되면 동전을 찾아 다시 굴린다. 밤마다 이렇게 대여섯 번 굴리면 밤은 가고 새벽이 온다."

밤이 되면 외롭기도 하고 온갖 생각이 떠올라 잠이 오지 않았을 거야. 동전을 얼마나 많이 굴렸으면 반들반들하게 닳았겠니. 그만큼 혼자 산다는 일이 힘들었던 거야.

고향으로 돌아온 여성

《쇄미록》이라는 책에는 임신왜란 때 일본 군내에 끌려가는 여성들이 "나는 어느 읍 어느 촌의 아무갠데 이제 붙잡혀 영영 다른 나라로 갑니다." 하며 큰 소리로 울부짖는 소리가 끊이지 않았다고 쓰여 있어.

병자호란 때에도 청나라로 여성들을 끌고간 일이 많았어. 청나라로 끌려간 여성들 가운데 일부는 뒤에 돈을 주고 고향으로 돌아왔단다. 그나마 양반집 여성들은 청나라가 돈을 많이 요구해 그곳에서 생명을 끊거나 돌아오지 못한 사람이 많았대.

전쟁이 끝난 뒤 돌아온 여성을 '환향녀(還鄕女)'라고 했어. 고향으로 돌아온 여성이라는 뜻이지. 조정에서는 환향녀들이 창피해서 스스로 목숨을 끊거나 집에 돌아가기를 두려워할까 봐 홍제동 개울에서 몸을 씻게 했어. 이것으로 모든 치욕을 씻어 없앤 것으로 생각하고 남성들이 환향녀들에게 청나라에서 무슨 일을 겪었는지 묻지 못하도록 했지. 그렇지만 양반집 남성들은 환향녀들과 이혼하고 새로 결혼하려고 했어. 하지만 나라에서는 환향녀들과 이혼하는 것을 허락하지 않았단다. 여성들은 간신히 이혼을 피했지만 남편들은 모두 부인을 멀리했어.

돈을 내고 꿈에도 그리던 고향으로 돌아왔지만 돌아오지 못한 여성들보다 나을 게 하나도 없었던 거야. 절개를 잃었다면서 식구들한테까지 손가락질을 받았으니 그 여성들이 얼마나 억울했는지 짐작할 수 있겠니?

서양의 마녀 사냥

희준이가 읽은 동화책에는 마녀가 자주 등장하지. 헨젤과 그레텔은 마녀에게 잡아먹힐 뻔했잖아. 《헨젤과 그레텔》 말고도 마녀는 단골손님처럼 유럽 동화에 자주 나와. 마녀를 찾아내는 방법을 알려 주는 책도 여럿 출판되었어.

마녀를 알아보는 법

- 혼자 산다.
- 식물에 대해 잘 안다.
- 커다란 냄비에 온갖 풀을 넣고 이상한 약(마법의 약)을 만든다.
- 아이들이 태어날 때 도와주는 일을 한다.
- 늙고 추하게 생겼다.
- 아이를 잡아먹는다.
- 빗자루를 타고 다닌다.
- 악마와 사귄다.

유럽에서는 16세기부터 17세기까지 6만 명이 넘는 여성들을 마녀라고 죽였대. 그런데 정말 마녀가 있었을까? 마녀라고 몰려 죽은 여성 가운데 남편이 죽고 혼자 사는 여성들도 많았어. 대부분 나이가 들고 재산도 어느 정도 있었지. 그래서 《헨젤과 그레텔》에 나온 마녀처럼 늙고 추한 모습으로 그려진 거야. 하지만 마녀로 죽은 여성들이 모두 나이 든 여성만 있는 것은 아니야. 잔 다르크는 젊은 여성이었는데 마녀라는 이유로 죽였어.

왜 여성들을 마녀로 몰아서 죽였을까?

여성을 혐오하는 마음이 커져서 이렇게 끔찍한 일까지 일어났다고 해. 어떤 이는 흑사병 같은 전염병이나 흉년으로 사회가 불안해지고 사람들의 불만이 커지자 전염병이나 흉년의 책임을 '마녀'에게 덮어씌운 것이라고도 하지. 그때 유럽은 전쟁과 전염병으로 살기가 아주 힘들었거든. 가톨릭과 기독교에서 '악마'와 전쟁을 하겠다고 선포했는데 그때 종교인들은 악마의 뜻을 옮기는 사람을 마녀라고 생각했다는구나.

그 시절 유럽에서는 남성의 질서, 가부장제의 규칙에서 조금이라도 벗어나면 마녀로 몰아서 죽였던 거야. 마녀 사냥이 이런 사실들을 정확하게 보여 주고 있는 거지. 유럽에서는 마녀가 만들어지고, 조선에서는 열녀가 만들어졌구나.

잔 다르크 동상 잔 다르크는 프랑스에서 부유한 농민의 딸로 태어났어. 프랑스가 영국과 전쟁을 치를 때 남자처럼 머리를 짧게 자르고 바지를 입고 군대를 이끌었지. 그런데 1430년 5월에 영국군에게 포로로 잡히고 말았어. 잔 다르크는 이단으로 몰려 재판을 받았는데 남자 옷을 입었다는 이유로 마녀로 몰려 사형을 당했단다.

9_조선 시대 전문직 여성들

열녀 이야기에 나오는 여성만 조선의 여성인 건 아니야. 의녀 장금이도, 궁녀도, 기녀 황진이도, 상인 만덕도 모두 조선의 여성이야. 성리학을 바탕으로 한 조선 사회에서도 여성들은 참 다양한 모습으로 살았구나.

　임진왜란이나 병자호란 등의 큰 전쟁을 겪으면서 농사짓던 땅은 못 쓰게 되고, 굶주림과 전염병으로 많은 백성들이 죽고, 수많은 사람들이 다른 나라에 포로로 끌려 갔어. 양반 평민 가릴 것 없이 전쟁의 상처는 무척 컸단다.
　하지만 여성들도 그 그늘에서 숨죽여 살지만은 않았어. 남성 중심의 현실에 불만을 가진 여성도 생겼고, 나아가 불평등한 사회를 바꿔야겠다고 생각하는 여성도 생겼어.
　조선 후기에 백성들의 생활 모습을 담은 풍속화가 많이 그려졌어. 그 풍속화에는 여성들이 일하는 모습이 잘 나타나 있어. 전문 직업을 가진 여성들도 등장했는데 의술을 배운 의녀, 전문 관리직이라 할 수 있는 궁녀, 예술을 배우는 기녀, 장사에 나선 상인 들이었어. 조선 시대에는 평민이나 가장 하층인 천민 여성들이 전문직 일을 했어.
　희준아, 잘 들어 보고 어떤 여성이 가장 멋진지 이야기해 줄래?

풍속화 속 일하는 여성들

조선 후기 사람들은 우리나라의 모습과 사람들의 생활, 역사에 관심을 갖기 시작했어. 이런 관심은 그림에서도 나타난단다. 그전까지는 중국 사람의 모습과 산천을 본땄거든. 하지만 이제는 우리 땅과 사람들이 땀 흘리며 일하는 모습이나 사람들의 다양한 생활을 그렸어. 이렇게 사람들의 생활을 그린 그림을 풍속화라고 해. 자, 조선 시대 풍속화에서 여성들이 어떤 모습으로 나오는지 한번 들여다볼까?

빨래

김홍도의 〈빨래터〉

개울가에서 여성들이 빨래를 하고 있네. 가운데 두 여성은 두런두런 이야기를 나누며 방망이질을 하고 있어. 한 여성은 아예 개울에 들어가서 빨래를 짜고 있고. 평평한 바위에 앉아 있는 여성은 머리라도 감았나, 머리를 손질하고 있네. 아기는 엄마 옆에 앉아 젖을 만지고 있구나.

자청비와 문도령이 만난 곳도 빨래터였지. 기억나니? 빨래터는 빨래뿐만 아니라 마을 소식을 서로 물어보기도 하고 우스갯소리나 고된 시집살이에 신세 한탄도 늘어놓는 여성들만의 공간이란다. 빨래를 해서 집에 가져가면 풀 먹이고 다듬이질해서 식구들에게 깨끗한 옷을 입혔을 거야.

신윤복의 〈어물 장수〉

장사

왼쪽의 여성은 생선이 담긴 광주리를 머리에 이고 어깨에 망태기를 메고 있어. 망태기에는 채소가 가득 들어 있구나.

시장에 가는 길에 아는 할머니를 만났나 봐. 무슨 이야기를 하는 걸까? 할머니가 어디에 가면 많이 팔 수 있는지 말해 주는 것은 아닐까? 할머니는 제자리에 서 있는데 젊은 여성은 오른발을 들고 있어. 얼른 시장에 가서 좋은 자리를 잡으려면 마음이 바쁘겠지.

중종 때 백성들이 농사는 짓지 않고 시장에 나가 장사를 많이 하면 안 되니 시장을 없애자는 말이 있었어. 그때 여성들이 장사하는 것을 문제 삼기도 했대. 하지만 먹고살기 위해 장사하는 것을 막을 수는 없었어. 어떤 지방에서는 시장에 나와서 물건을 사고팔며 흥정하는 이가 대부분 여성이었다고 해.

절구질

지금은 쌀을 사서 씻기만 하면 금세 밥을 지을 수 있잖아. 조선 시대 여성들은 밥을 지으려면 가장 먼저 곡식의 껍질을 벗겨야 했어. 쌀을 찧을 때는 보통 물방아나 연자방아를 썼는데 시골 농가에서는 디딜방아를 써서 쌀·보리·수수·기장들을 찧었어.

조영석의 〈절구질〉

절구질을 하고 있는 여성의 어깨가 구부정하네. 밭에 나가 일을 하다가 끼니때가 되어 바삐 집으로 돌아와서 절구질을 하는 거겠지.

길쌈

그림 위쪽 여인은 실이 엉키지 않도록 풀을 먹이고 있어. 아래쪽 여인은 베를 짜고 있고. 여성들은 목화씨를 뿌리고 가꾸는 일도 했어. 또 비단을 만들기 위해서 뽕나무 잎을 따다가 누에를 키워 실을 뽑았지. 그 뒤에는 베를 짜고 염색을 해서 옷을 만들었고. 길쌈은 먼 옛날부터 중요한 노동이었어. 옷감은 세금을 내거나 다른 물건으로 바꿀 수 있는 화폐로도 쓰였거든. 그래서 양반이든 평민이든

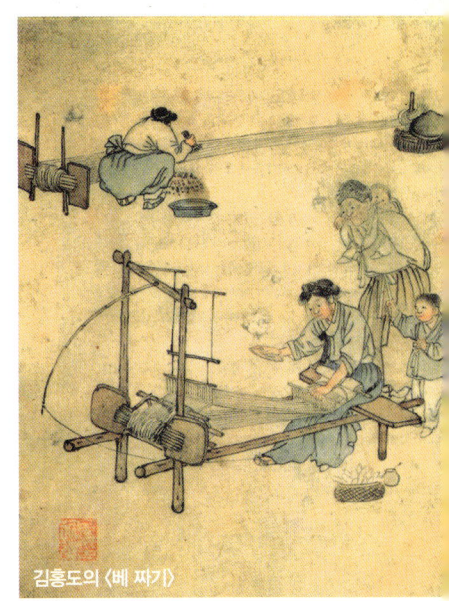

김홍도의 〈베 짜기〉

여성들은 길쌈을 했단다. 새벽부터 일어나 농사일에 집안일에 동동거리다가 밤이 되어서야 베틀에 앉았을 테니 얼마나 졸리고 힘들었겠니. 허난설헌은 그 고단함을 이렇게 노래했어.

밤늦게까지 베틀에 앉아 쉬지 않으니
베틀만 삐걱삐걱 차갑게 울어 댄다
틀에서 또 한 필 짜내건만
이번에는 누구의 옷이 되려나

나물 캐기와 김매기

봄날 아낙네들이 산나물을 캐러 갔구나. 한 아낙은 산나물을 캐려고 몸을 구부리고, 다른 아낙은 이리저리 산나물을 찾고 있네. 봄이 되면 여성들은 망태를 들고 산골짝을 누비며 나물을 뜯었단다. 지난해 가을에 거두어들인 곡식은 다 먹고, 풋성 귀며 곡식을 거두어들이려면 아직 멀었으니 부지런히 나물을 뜯어다 죽이라도 끓여야 했지.

봄에는 산골짜기나 들판에서, 여름에는 밭에서 여성들은 호미를 놓을 날이 없었어. 날이 더워지면 밭에 풀이 나기 시작하

윤두서의 〈나물 캐기〉

〈김매기〉

거든. 풀은 작물이 자라는 것을 방해하니 부지런히 뽑아야 해. 풀 뽑는 일을 '김매기'라고 하는데 주로 여성들의 일이었어.

조선 시대 여성 시인인 김삼의당은 "해가 내 등을 구워 땀방울이 땅에 떨어지네, 가라지를 낱낱이 뽑아 긴 밭고랑을 다 마치니."라고 밭일이 얼마나 고달픈지 시로 써서 표현했어.

의술을 공부한 의녀

조선 시대 여성들은 남편이나 집안 식구가 아니면 남성과 얼굴을 마주할 수도 없고 이야기를 해서도 안 된다고 했잖아. 그렇다면 병이 났을 때 어떻게 했을까? 의사들이 다 남성이었으니 몸을 보여 줄 수도 없고 치료도 할 수 없잖아. 그래서 나라에서는 여자아이들을 뽑아 맥을 보거나 침을 놓는 기술을 가르쳤어. 의술을 배운 여성을 의녀라고 했어. 의녀는 조선 시대에 중요한 일을 한 전문직 여성이야.

중종 때에 의녀 장금은 임금의 병을 보살펴서 상을 받기도 했어. "대비전의 증세가 나아지자, 의녀 신비와 장금에게 쌀과 콩 각 10석씩을 주었다."라고 《조선왕조실록》에 기록될 정도로 뛰어난 의녀였어.

🧑 오늘은 조선의 의녀들이 어떤 일을 했는지 알아보려고 합니다. 안녕하세요. 의녀님.

의녀 어서 오세요. 먼 길 오느라 고생했습니다. 어떤 게 궁금한가요?

🧑 의녀는 언제부터 생겼나요?

의녀 의녀 제도는 조선 3대 왕인 태종 때 생겼습니다. 처음에는 서울에 사는 노비들 가운데서 뽑았는데 세종 때부터는 지방에서도 뽑았어요. 각 지방 관청에서 열 살에서 열다섯 살 사이의 영리한 노비를 두 사람 뽑아 제생원에 올려 보냈어요. 제생원에서 공부를 마치면 다시 지방으로 내려가 의녀로 일했답니다.

어떤 공부를 했나요?

의녀 의학 공부를 하기 전에 《천자문》과 《효경》을 배웠고, 유교 경전도 배웠어요. 공부를 잘하면 상을 받았지만 게을리하면 벌을 받죠. 기초 공부가 끝나면 산부인과 공부와 침 놓는 법 그리고 환자를 간호하는 방법 따위를 배웠답니다. 여성 환자에게 침을 놓는 일이나 종기를 짜는 일은 의녀들이 맡아서 했죠. 아기를 낳을 때도 도와주었어요.

이름 있는 의녀도 있었나요?

의녀 그럼요. 이름이 널리 알려진 장금 말고도 고향이 제주도인 의녀 장덕은 치통과 부스럼을 잘 치료해 전국에 이름을 날렸죠. 장덕이 서울에 오면 양반 집에서 치료해 달라고 서로 앞다투어 맞이했을 정도였어요.

의녀가 기생이라는 말도 있던데 사실인가요?

의녀 연산군 때 의녀를 기생으로 만들었어요. 의녀들은 공부도 많이 하니까 양반 남성들하고 이야기를 나눌 수 있었거든요. 그래서 이때부터 '약방기생'이라는 이름이 붙게 되었어요. 그리고 높은 벼슬을 하는 관리들의 잔칫집에 불려가기도 했고요.

병을 고치는 일 말고 어떤 일을 했나요?

의녀 죄를 지은 여성을 수색하고 잡아들이는 일도 의녀가 맡았어요. 왜 죽었는지 알아내기 위해 죽은 여성의 몸을 검사하는 일도 했답니다.

🙂 조선 시대 의녀들이 중요한 일을 많이 했군요.

조선 시대 공무원, 궁녀

　궁녀는 궁중에서 일하는 여성 관리를 일컫는 말이야. 조선 시대에는 궁녀가 5백~6백 명쯤 있었어. 궁녀들은 달마다 쌀 서 말과 옷감을 받았어. 그러니까 궁녀는 나라에서 월급을 받는 여성 공무원이라고 할 수 있지. 이들은 왕과 왕비가 먹는 음식에서부터 입는 옷, 잠자리까지 여러 가지 일을 곁에서 돌봐 주었어.

　왕의 침실을 돌보는 일은 '지밀'에서 맡아 했는데 왕과 가장 가까운 곳에 있었고 지위가 가장 높았어. '침방'에서는 왕과 왕비가 평소에 입는 옷과 궁궐 행사 때 입는 옷을 만들었고, '수방'에서는 그 옷에 수를 놓는 일을 했어. '소주방'에서는 식사를 맡았고, '생과방'에서는 끼니때 먹는 음식 말고 음료수와 과자 따위를 만들었지. '세답방'에서는 빨래를 하고 옷의 뒷손질을 했어. 저마다 맡은 일이 다 달랐단다.

　궁녀는 10년에 한 번씩 뽑았어. 대부분은 아는 사람을 통해 궁궐로 들어가거나 궁녀들 집안에서 친척 아이를 데리고 왔지. 궁녀가 하는 일이 워낙 힘들어서 사람을 구하기가 힘들었대. 그래서 알음알음으로 사람을 구한 거야.

　이렇게 뽑힌 궁녀는 견습 나인 또는 애기 나인(생각시)이라고 했어. 이들은 궁궐 생활을 익히며 나인이 되기 위해 준비했어. 보통 15년쯤 지내면 왕과 형식적인 결혼식을 치른 뒤 정식 나인이 될 수 있었

상궁과 시녀 1802년 순조와 순원 왕후의 결혼식을 기록한 '의궤'란다. 가운데 빨간 가마가 왕비의 가마야. 가마 주위에 상궁과 시녀(나인)들이 말을 타고 가고 있어.

지. 나인이 된 뒤 15년쯤 지나야 상궁이 될 수 있고. 그러니까 상궁이 되는 길은 참으로 어려웠어.

고려 시대 궁녀들은 거의 평민이거나 노비, 첩의 자식들이었다고 해. 조선 초기에는 관청에 딸린 여자 종 가운데 궁녀를 뽑기도 하고 기녀의 딸이 궁녀가 되기도 했어. 시간이 흐르면서 양갓집 딸들이 뽑히는 경우가 많아졌어. 그래서 딸을 궁녀로 보내지 않기 위해 일찍 결혼시키기도 했지.

궁녀는 평생 왕을 위해 살아야 하고 왕과 형식적이지만 결혼식도 치르기 때문에 다른 사람과 사랑을 할 수도, 함께 살 수도 없었단다. 그래서 옛날에도 가뭄이 심하면 궁녀의 한이 서린 탓이라 여겨 궁궐 밖으로 내보내 주었대. 이렇게 아주 특별한 경우에 궁궐 밖으로 나가는 것 말고는 늙거나 병이 들어서야 궁궐 밖으로 나갈 수 있었단다.

기녀 황진이를 만나다

기녀는 시를 짓거나 노래, 춤, 악기를 다룰 줄 알아야 하니까 오늘날의 예술가라고 할 수 있어. 황진이는 조선 시대 기녀 가운데 이름난 인물이야. '서경덕', '박연 폭포'와 함께 송도(개성의 옛 이름)를 대표하는 '송도삼절'의 하나로 꼽힐 정도였지. 지금까지도 황진이 이야기는 드라마나 영화로 만들어지고 있어. 황진이는 스스로 기녀가 된 여성이야. 기녀는 천한 신분인데 왜 황진이는 스스로 기녀가 됐을까?

내 이름은 진이예요. 기생 시절 이름은 명월이고요. 나는 양반집 첩의 딸로 개성에서 태어났어요. 어릴 적부터 예쁘다는 소리를 많이 들었어요. 시도 잘 짓고, 노래도 잘 불렀어요. 재주는 뛰어났지만 '첩의 딸'인 제가 할 수 있는 일이 없었어요. 좋아하지도 않는 사람한테 시집가서 평생 방 안에서 바느질만 하며 살고 싶지는 않았답니다. 그래서 저는 기생이 되기로 마음먹었어요.
기생은 특별한 기술이나 재주를 가진 여성들이에요. 노래 부르고 춤추는 것은 물론 거문고나 장구 같은 악기를 다룰 줄 알아야 합니다. 노래나 춤은 어려서부터 목에서 피가 나오도록 연습하고 춤출 때 손동작이나 발동작이 조

금만 틀려도 혼이 나죠.

기생들은 조선 사회에서 가장 낮은 계층인 천인에 속했죠. 언제든 잔치에 불려 나가 흥을 돋우는 일을 해야 했어요. 우리들은 천인이지만 상대하는 사람들은 모두 양반들이라 글씨도 잘 쓰고, 그림도 잘 그려야 했어요. 시 짓는 것은 물론이고요. 나는 시를 잘 짓는다는 소리를 많이 들었는데 내가 지은 시 한번 들어 볼래요?

산은 옛 산이로되 물은 옛 물이 아니로다
밤낮으로 흐르니 옛 물이 있을쏘냐
인걸도 물과 같이 가고 아니 오노매라

산이 변함없는 자연이라면 사람은 흐르는 물과 같아서 영원할 수가 없다는 뜻을 담아 봤어요. 또 떠난 사랑이 그리워 쓸쓸한 제 마음도 담았어요.

나는 비록 천한 기생이 되었지만 양반 딸들이 하지 못하는 일들을 하고 싶었어요. 그래서 이름난 사람들과 사귀기도 했고, 금강산을 구경하기 위해 여행도 떠났죠. 양반 여성들은 집 밖으로 나다닐 수 없었잖아요. 유명한 학자였던 서경덕과는 신분을 넘어서 우정을 나누는 사이였어요. 기생으로 무시당하고 돈이 없어 생활이 어렵기도 했지만 나는 예술가로서 자유롭게 살았어요. 그 덕에 역사에 '황진이'라는 이름을 남길 수 있었죠.

〈연못가의 여인〉 한 손에는 생황이라는 악기를, 한 손에는 담뱃대를 들고 있는 기녀의 모습이야. 조선 후기 신윤복의 그림이란다.

기녀들은 어디에 소속되어 있느냐에 따라 서울 장악원 기생과 지방 관청 기생으로 나뉘었어. 기녀들은 관청의 여자 종 가운데 얼굴이 예쁘고 재능이 있는 여성을 뽑았어. 기녀들은 쉰 살이 되어야 일을 그만두었다고 해.

상인 김만덕

조선 시대 제주도 여성은 제주도를 떠날 수 없게 법으로 정해져 있었어. 그런데 여성 상인 만덕은 1796년 관리의 안내를 받아 가며 제주도를 떠나 한양까지 왔단다. 만덕은 왕과 왕비를 만나고 상으로 비단과 장신구도 받았어. 만덕은 한양에서 겨울을 보내고 이듬해 봄 금강산으로 여행을 떠났단다.

어떻게 제주도 여성 만덕이 한양에 올 수 있었을까?

만덕의 어린 시절

김만덕은 영조 15년(1739년)에 아버지 김응열과 어머니 고 씨 사이에서 태어났다. 1750년 전국을 휩쓴 전염병으로 부모를 잃고 기녀의 수양딸이 되었다. 수양어머니는 만덕이 일도 잘하고 노래와 춤, 거문고도 잘하자 만덕을 기녀로 만들었다.

기녀는 천인 신분으로 기적(기생들을 등록해 놓은 대장)에 이름이 오르면 빠져나오기 어려웠는데 만덕은 스물이 넘자 관가에 찾아가 자신은 본래 평민 여자이니 기적에서 빼 준다면 돈을 벌어 불쌍한 처지에 있는 사람들을 돌보겠다고 약속했다. 만덕의 진심은 받아들여졌다. 만덕은 기생에서 벗어나 그동안 모은 돈으로 객줏집을 차렸다.

만덕은 어떻게 돈을 모았을까?

만덕은 제주도 특산물을 적당한 값으로 사 두었다가 육지 상인들에게 다른 데보다 싸게 팔았다. 상인들은 소문을 듣고 앞다투어 만덕의 객줏집으로 모

여들었다. 또 기녀 시절의 경험을 바탕으로 양반집 여성들이 좋아하는 옷감, 장신구, 화장품을 팔았다. 자연스레 만덕의 객줏집에는 장사꾼들이 모여들어 규모가 큰 무역 거래소가 되었다. 만덕의 재산은 날로 늘어나 소문난 부자가 되었다.

부자 만덕은 어떤 일을 했나?

만덕은 늘 돈을 벌면 어려운 사람들을 돕겠다고 생각했다. 드디어 그때가 왔다. 1792년에서 1795년까지 제주도에 큰 흉년이 들어 식량이 턱없이 모자랐다. 나라에서 구호 식량을 보냈지만 풍랑 때문에 그마저도 얻을 수가 없었다. 제주도 사람들의 처지는 말할 수 없이 어려워졌다. 이때 만덕은 상인들에게 돈을 주어 뭍에서 곡물 500석을 사 오도록 했다. 500석을 실은 배가 무사히 제주도에 들어왔다. 만덕은 이 중 50석을 친척과 은혜를 입은 사람들에게 주고 나머지 450석은 모두 관청에 보내서 불쌍한 사람들을 돕도록 했다.

세 가지 소원

제주 목사는 이 일을 임금님께 알렸다. 남성이라면 벼슬을 내렸겠지만 여성이라 벼슬을 내릴 수 없었다. 그래서 정조는 다음과 같은 명령을 내렸다.
"김만덕에게 소원을 물어보고 어려운 일이더라도 특별히 들어주어라."
제주 목사는 만덕에게 임금님의 뜻을 전하고 소원을 물었다.
"제게 세 가지 소원이 있사온데 첫째는 한양에 가는 것이요, 둘째는 임금님을 뵙는 것이고, 셋째는 천하 명산인 금강산 1만 2천 봉을 구경하는 것입니다."
정조는 만덕을 내의원 의녀로 임명하여 서울로 오게 했다. 그때 만덕은 57세였다. 한양에서 반년 동안 머물렀다가 금강산을 구경하고 제주도로 돌아갔다.

 평생 섬을 벗어난 적 없는 만덕은 한양 땅에 닿았을 때 어떤 기분이었을까? 금강산을 구경하고 임금을 한번 만나 보고 싶다는 만덕의 소원, 참 당당하지 않니? 열녀 이야기에 나오는 여성만 조선의 여성인 건 아니야. 의녀 장금이도, 궁녀도, 기녀 황진이도, 상인 만덕도 모두 조선의 여성이야. 성리학을 바탕으로 한 조선 사회에서도 여성들은 참 다양한 모습으로 살았구나.
 만덕 말고 다른 여성들도 장사를 했냐고? 물론이지. 만덕이 객줏집을 열어 열심히 장사한 것을 보면 그 시대에는 여성들이 장사하는 경우가 많았다는 이야기야. 지금의 서울 종로 거리에 큰 시장이 있었는데 이를 시전이라고 해. 시전에는 '여인 전'이라고 해서 여성들이 직접 장사를 하는 가게가 있었어. 여인 전에서는 과일, 엿이나 사탕, 채소, 생선, 젓갈 같은 먹을거리와 연지와 분, 바느질 도구 같은 여성들이 쓰는 물건을 팔았어. 또한 가게를 차리지 않고 자기가 가지고 있는 물건들을 가지고 나와서 파는 여성들은 더 많았지.
 고대부터 지금까지 여성들은 농사를 짓고 길쌈을 하며 가정 경제에서 큰일을 맡았어. 조선 시대도 마찬가지지. 조선 후기로 접어들면 물건을 사고파는 상업이 점점 더 발전해. 화폐도 널리 쓰이고. 그러니 여성들도 장사를 하는 일이 많아지는 거지.

조선 여성들의 유행

요즘 사람들은 유행에 민감하잖아. 조선 시대 여성들도 마찬가지였어.

조선 초기에는 여성들의 저고리가 허리 밑까지 왔어. 소매 길이도 손등을 덮을 정도로 길고 넓었대. 그러다 점차 저고리 길이가 짧아지고 소매통도 좁아졌지. 조선 후기에 가면 저고리 길이가 너무 짧아져서 겨드랑이 살을 가릴 수 없을 정도였어. 이것을 가리기 위해 '가리개용 허리띠'까지 생겼단다.

여성들은 속옷을 입고 치마를 몇 겹으로 겹쳐 입어 엉덩이 부위가 마치 항아리 모양처럼 보였어. 속옷을 많이 입으려니 당연히 치마폭이 넓어졌지. 저고리 길이가 짧아지는 대신 치마는 허리 위로 올라오면서 길어졌어.

저고리 폭이 얼마나 좁았는지 입을 때도 간신히 입었지만 벗을 때는 실이 뜯어질 정도였대.

또 머리에 머리카락을 올리는 '다리'가 유행했다고 해. 다리는 머리숱을 풍성하게 만들기 위해 머리에 덧붙여 쓴, 가발 같은 거야. 기생이나 양반집 여성들이 자기 머리카락만으로는 큰 머리채를 꾸미기 힘들어 다리를 썼지. 다리가 너무 무거워 갑자기 일어서다 목뼈가 부러진 사람도 있었대. 그래서 나라에서는 다리를 쓰지 못하게 금지령을 내렸지만 큰 효과는 없었단다.

미인도 '다리'가 무척 크지? 저고리 길이는 아주 짧아. 조선 시대 후기의 그림이야.

책을 읽고 글을 쓰는 여성들

조선 시대 성리학자들은 여성에게 문장이나 시 짓기를 가르쳐서는 안 된다고 주장했어. 여성이 글을 읽고 문장이나 시를 짓는 것은 도리에서 벗어난다고 생각했기 때문이야. 여성은 바느질이나 음식 만드는 일 정도만 배우라는 거지. 그런데도 많은 여성들은 글을 배워 책을 읽었단다. 책 읽는 여성이 점점 늘어 갔어. 여기서 한발 더 나아가 글을 쓰는 여성들도 생겼어. 여성들이 쓴 규방 가사를 써서 문집을 내기도 했고, 유교 경전을 해석해서 논문을 쓰기도 했어.

허난설헌 (1563~1589)

허난설헌은 어릴 때부터 시를 잘 지었어. 난설헌의 아버지 허엽, 오빠 허성과 허봉, 동생 허균 모두 이름난 문장가였단다. 그녀는 어릴 때 동생 허균과 함께 시 선생을 두고 시를 배웠어. 열아홉 살에 결혼했는데 남편은 허난설헌의 재능을 못마땅해했고 시어머니는 심하게 시집살이를 시켜 사이가 좋지 않았어. 자식들도 모두 일찍 죽었단다. 허난설헌은 시댁에서 외롭게 살았어. 그녀의 재능은 결혼 생활에는 쓸모가 없었지. 결국 허난설헌은 스물일곱 살에 죽었는데 죽으면서 자신이 쓴 시를 모두 태워 버렸대. 하지만 동생 허균이 남아 있는 누이의 시를 모아 시집 《난설헌집》을 엮어 냈어. 그녀의 시는 중국에까지 널리 알려져 중국에서 사신이 오면 "난설헌의 시집을 구해 달라."고 부탁할 정도였단다. 조선 초기에는 허난설헌 말고도 신사임당과 황진이 같은 여성들이 글을 잘 써서 이름을 날렸어.

이옥봉 (?~?)

허난설헌과 같은 시대에 살았던 이옥봉도 중국에까지 알려진 이름난 시인이었어. 이옥봉의 아버지 이봉은 이항복이나 유성룡 같은 사람들과 가까이 지낼 정도로 문학적으로 이름이 있는 사람이었어. 아버지는 심심풀이로 딸에게 글을 가르쳤는데 딸아이는 시 짓는 데 천재적 재능을 보였지. 그녀는 어지러운 세상을 한탄하며 시를 쓰기도 했는데 사람들은 여성이 지은 시라고 생각하지 않았대.

이옥봉은 첩의 딸이었어. 그래서 신분에 맞게 조원이라는 사람의 첩으로 가겠다고 했지. 조원은 이옥봉을 첩으로 받아들이며 시를 쓰지 않을 것을 다짐받았어. 이옥봉은 남편 뜻에 따라 살았지만 옆집 사는 백성의 억울함을 알리는 소장을 대신 써 주었어. 그 일이 알려져 남편한테서 쫓겨났단다. 그 뒤 이옥봉이 어떻게 살았는지, 언제 죽었는지 알 수 없어.

책을 읽는 여인 조선 후기에 그려진 그림이란다.

임윤지당 (1721~1793)

임윤지당은 조선에서 몇 안 되는 여성 성리학자야. 그녀는 아버지가 일찍 돌아가셔서 가난했지만 오빠, 남동생들과 함께 공부했어. 둘째 오빠 임성주는 이름난 학자인데 직접 여동생 윤지당을 가르쳤대. 윤지당은 남편이 먼저 죽었기 때문에 혼자 살면서 낮에는 일을 하고 새벽까지 혼자서 공부했어. 윤지당은 성인과 어리석은 사람들의 차이가 무엇인지, 여성과 남성의 차이가 무엇인지 끊임없이 고민했어. 윤지당이 쓴 글을 보면 잘 나타나 있어.

성인은 우리와 똑같은 사람입니다. 다만 지혜로운 사람과 어리석은 사람, 어진 사람과 못난 사람으로 차이가 있을 뿐이지 하늘로부터 받은 사람의 본성은 똑같습니다.

성인도, 어리석은 사람도 본성은 다 같다고 말하고 있네. 임윤지당은 '본성은 남성과 여성이 다르지 않다.'는 생각을 했어. 이런 생각은 조선 시대 남성 성리학자들이 말하던 것과 다르지? 남성 성리학자들은 남성과 여성은 본성부터 다르기 때문에 하는 일도, 대우도 달라야 한다고 했잖아.

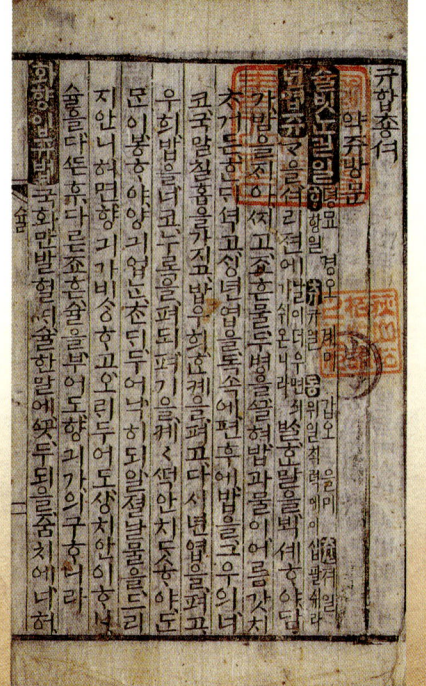

이빙허각이 한글로 쓴 《규합총서》 이 책 말고도 빙허각은 《빙허각시집》과 《청규박물지》 같은 여러 책을 썼는데 안타깝게도 전해지지 않아서 볼 수가 없어.

이빙허각 (1759~1824)

빙허각 이 씨가 열다섯 살 때 쓴 글을 보고 주위 사람들이 놀랐다는구나. 예사 글이 아니었던 거지. 이빙허각은 서

유본과 결혼했는데, 이 부부는 평생을 서로 사랑하고 함께 공부하는 동반자였단다. 빙허각은 《규합총서》를 썼는데 이 책은 오늘날의 백과사전 같은 책이야. 장 담그기, 술 빚기 같은 음식 만드는 법부터 옷 만들기, 길쌈, 밭 갈기, 가축 기르기, 태교, 육아, 응급 처치, 집의 방향을 정하는 법까지 실려 있지. 백과사전을 쓰려면 많은 것을 깊이 있게 알아야 하는데 그만큼 빙허각의 지식은 넓고 깊었어.

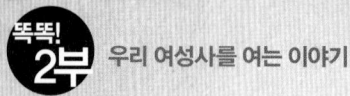

근대부터 현대까지

희준이는 '여성'이라는 말을 들으면 어떤 여성의 모습이 떠오르니? 앞치마를 두르고 집안일을 하는 엄마? 칠판 앞에서 이야기하고 있는 선생님 모습?

그렇다면 '남성'의 모습은 어때? 말쑥하게 차려입고 회사에 가는 아빠? 공사 현장에서 일하는 남자? 아니면 운동하는 사람? 《한국 여성사 편지》 2부를 읽어 나가면서 네 머릿속에 그려진 '여성'과 역사 속의 '여성' 모습을 잘 견주어 보렴.

《한국 여성사 편지》 2부에서는 20세기 초부터 희준이가 살고 있는 현재까지의 여성들을 만나볼 거야. 20세기 초, 그러니까 우리나라가 개항을 했을 때를 '근대'라고도 해. 근대의 변화는 현재 우리 생활과 아주 밀접해. 희준이가 머릿속에 떠올린 여성과 남성의 모습, 현재의 학교나 가정의 모습은 근대의 영향을 많이 받았어.

근대와 현대는 약 백 년의 시간인데, 우리는 그 사이에 일본의 식민지, 6·25 전쟁과 남북 분단 같은 아주 큰 사건들을 겪었어. 일제 시대와 전쟁을 겪은 여성들의 역사를 좀 더 자세하게 알려줄게. 그리고 학교 교육이 어떻게 변화했는지도 살펴볼 거야. 여성의 교육은 여성의 지위를 높이는 데 중요한 역할을 했단다.

근대와 현대에는 이전의 시대와 다르게 여성이 역사의 주인공으로 인식되기 시작했어. 그러나 몇몇 뛰어난 여성이 이끈 것처럼 알려져 있지. 《한국 여성사 편지》 2부에서는 뛰어난 여성들 이야기도 있지만 평범한 여성들의 삶, 일하는 여성들을 살펴보려고 해.

이제부터 역사 속에 살아 있는 여성들을 한번 만나 보자. 지금부터 엄마가 이야기해 주는 여성들은 우리 할머니와 엄마가 살아온 이야기야. 할머니와 엄마가 실제 겪은 일도 있으니 잘 들어보렴.

1_새로운 시대, 변화하는 조선

촛불은 석유 등잔으로, 부싯돌은 성냥으로 바뀌었지. 1887년에는 경복궁에 최초로 전깃불이 켜졌어. 서울 종로 거리에는 전기로 다니는 전차가 놓였고, 전화도 생겼지. 편리한 게 많이 생겨서 좋았겠다고? 그런데 말이야, 여기서 한 가지 생각할 게 있어.

18세기 말부터 우리나라 앞바다에 지금까지 한 번도 보지 못했던 배들이 나타났다가 사라지곤 했어. 조선 배와 다르게 생긴 낯선 배들을 이양선(異樣船)이라고 했지. 이양선은 장삿배처럼 꾸몄지만 대포를 싣고 무장한 군인들이 탄 군함인 경우가 많았단다. 이 배들은 서양 물건을 가져와 교류를 하자고 졸랐어. 조선은 이런저런 이유를 대며 거절했지.

그들은 단순히 물건을 사고파는 것만 이야기하는 게 아니었어. 강제로 무역 관계를 맺은 뒤, 주권을 빼앗고 식민지로 만들어 버렸지. 이렇게 힘을 앞세워 다른 나라를 정벌하는 것을 제국주의라고 해. 제국주의의 힘에 눌려 중국, 인도, 아프리카 대륙의 나라들이 항복하고 말았지. 이제 제국주의의 힘이 조선에까지 들이닥친 거야.

엄청난 변화가 일어난 18~19세기에 여성들이 어떻게 가족을 지키고 자신들을 가꾸며 살았는지 찾아가 보자.

집안 살림, 나라 살림의 변화

조선은 계속 교류를 반대할 수 없었어. 조선은 결국 일본과 '강화도 조약'을 맺었어. 강제로 맺은 불평등 조약이란다. 강화도 조약을 시작으로 청, 미국, 영국, 독일, 러시아 등 여러 나라와 외교 관계를 맺었지. 그러자 서양 물품이 조선으로 쏟아져 들어오기 시작했단다.

촛불은 석유 등잔으로, 부싯돌은 성냥으로 바뀌었어. 1887년에는 경복궁에 최초로 전깃불이 켜졌어. 서울 종로 거리에는 전기로 다니는 전차가 놓였고, 전화도 생겼지. 편리한 게 많이 생겨서 좋았겠다고? 그래, 부싯돌 대신 성냥을 썼으니 편해졌지. 그런데 말이야, 여기서 한 가지 생각할 게 있어.

이양선 19세기 후반 우리나라에 온 영국의 함대야.

조선이 일본을 비롯한 외국과 맺은 조약이 불평등하다고 했지? 왜 그랬을까? 조약을 맺을 때 조선의 관리들은 사고파는 물건을 공정하게 거래를 할 수 있는지 따지지 않았어. 일본이나 서양에서 들여온 것은 성냥처럼 한 번 쓰고 마는 소모품들인데, 우리는 쌀이나 콩 같은

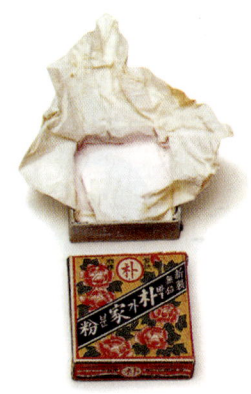
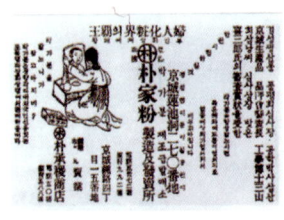

일제 시대 화장품과 신문 광고 여성들의 화장도 개항과 더불어 크게 변했단다. '크림'이라는 화장품은 '구리무'라고 했는데 여성들 사이에서 큰 인기를 끌었어. 사진은 우리나라에서 만든 분이야. 얼굴에 뽀얗게 발랐지.

곡식을 수출했지. 게다가 전화나 우편, 철도 같은 시설들은 조선 사람들이 일을 해서 만들었지만 쓰는 사람은 대부분 일본 사람이었고 이익을 보는 사람도 일본이나 외국 사람이었어.

> 조선인의 서울인가, 일본인의 서울인가. 철도, 탄탄한 대로, 우편, 그것을 설비하는 비용과 노력은 조선인이 하고 그것을 이용하기는 일본인이 한다. 우리는 오늘날 문명의 주인이 아니라 종이다. 조선 사람아, 우리는 이 문명의 주인이 되도록 전력을 다하자. 만일 그렇지 못하거든 차라리 이것을 깨뜨려 버리자. -〈동아일보〉 1924년 4월 21일

서양에서 온 물건 가운데 가장 인기 있는 것이 영국에서 만든 옥양목이었어. 옥양목은 영국 공장에서 기계로 짠 면 옷감이야. 원시 시대부터 조선 후기까지 옷감을 짜는 일은 여성들이 하는 중요한 일이었는데 옥양목이 들어오면서 더는 하지 않게 되었어. 옷감을 짜는 일은 고된 일이

바다를 건너 온 물건

우리가 쓰는 물건 가운데 이름에 '양' 자가 들어가는 것이 많이 있어. 양동이, 양배추, 양복, 양산, 양말, 양옥, 양식, 양파, 양탄자, 양력…… 이 '양(洋)' 자는 큰 바다를 건너서 온 물건이라는 뜻이야. 주로 서양에서 들어온 물건을 가리킬 때 '양' 자를 붙였어.

전차 남대문 거리를 달리는 전차야. 거리에도 서양식 건물이 세워졌어.

었기 때문에 그 일에서 놓여난 것은 다행이라고 할 수 있어. 그런데 중요한 건 여태까지 스스로 일해서 만들던 것들을 이제 시장에 가서 사게 되었다는 사실이야. 물건을 만드는 생산자에서 사는 사람, 곧 소비자로 변했다는 거지.

서학과 동학

18세기 말, 천주교라는 서양 종교가 널리 퍼지기 시작했어. 처음에 천주교는 종교라기보다는 학문으로 전해졌어. 서양의 과학 기술과 문물, 천주교를 '서양의 학문'이라는 뜻으로 '서학(西學)'이라고 했는데 그

즈음 조선에는 서양 문물에 관심을 가진 사람이 많았거든. 서학은 새로운 학문과 사상을 배우려는 사람들 사이에 퍼져 나갔지.

사람들은 천주 앞에서는 양반과 상놈도 없고, 부자와 가난뱅이도 없고, 남자와 여자도 없이 모두 평등하다는 말에 마음을 열었어. 많은 여성들도 점차 천주교를 종교로 받아들였지. 그렇지만 신분제를 바탕으로 하는 조선은 천주교를 인정하지 않았어. 법으로 엄하게 다스렸는데도 천주교는 비밀리에 퍼져 나갔단다. 신앙생활을 하면서 혼자 살기를 바라는 여성들이 생기기 시작했고, 그들은 공동체를 이루고 살기도 했단다.

우리나라 최초의 여성 전도사는 강완숙이야. 강완숙은 천주교를 알리는 책을 읽고 감동해서 신도가 되었어. 그녀는 집안사람들을 설득해 모두 천주교를 믿게 했단다. 강완숙은 나라에서 체포령이 내려진 주문모 신부를 숨겨 주면서 전도 활동을 꾸준히 했어. 그 뒤 신부를 숨겨 주었던 일 때문에 죽음을 당했지.

불교가 우리나라에 처음 들어왔을 때 여성들이 불교를 널리 퍼트리는 데 앞장섰던 것 기억나니? 그때처럼 여성들은 천주교를 알리는 일을 열심히 했단다. 나라에서 여러 차례 천주교를 탄압했는데 그때 순교자들 가운데 여성이 60퍼센트가 넘었다는구나.

천주교와 함께 동학도 빠르게 퍼져 나갔어. 동학은 최제우가 서학에 반대하며 우리 고유의 옛 사상을 바탕으로 만든 새로운 종교야. 동학은 여성과 어린이는 물론 모든 사람을 '하늘'이라고 했어. 사람은 모두 하늘이다, 그러니 모든 사람은 평등하다고 부르짖은 거야. 최제우는 서학이 서양이라는 거대한 힘을 바탕으로 활동하고 있기 때문에

그대로 두면 조선이 서양의 지배를 받게 되리라 생각했어.

동학이 농민, 천민, 여성들 사이로 퍼져 나가자 나라에서는 신분 제도를 무시하고 나라를 위태롭게 만든다는 이유로 최제우를 사형시키고 동학을 믿지 못하도록 금지시켰어. 하지만 동학의 기운은 쉽게 사그라지지 않았단다.

1894년 관리들의 부정부패를 막고 봉건 제도를 개혁하기 위해서 동학 농민 운동이 일어났어. 나라에서는 동학 농민 운동을 뿌리 뽑기 위해 일본 군대를 우리 땅에 불러들였어. 일본은 우리 땅에 들어와서 청·일 전쟁을 일으켰고, 순식간에 온 나라가 전쟁터로 변했지. 농민군은 '우리 힘으로 우리 땅을 지키자.'며 일어섰지만 총과 대포로 무장한 일본 군대를 이길 수 없었단다.

동학 농민 운동에는 남성뿐만 아니라 여성들도 함께 있었단다. 여성들은 싸움터에 나가 농민군의 음식을 장만하고 돌멩이 같은 무기를 마련하는 일을 했어.

농민군 사이에 내려오는 이야기 가운데 여성 지도자 이야기도 있어. 이소사라는 젊은 과부였는데 스물세 살이었어. 이소사는 말을 타고 앞장서서 싸움을 이끌었어. 장흥을 공격할 때 농민군을 이끌었다는구나. 농민군은 이소사를 신녀로 숭배했다고 해.

또 이런 일도 있었어.

어느 날 농민군이 쳐들어와, 관군이 대포를 쏘려 하자 대포 구멍에서 물이 줄줄 나오는 것이었다. 관군은 농민군이 조화를 부린 것으로 여기고 크게 놀라 도망쳤다. 이는 무한성 가까이에 살던 부녀자들이 관군이 잠자는 틈을 타

서 물을 길어다 부었기 때문이다. -《별건곤》

여성들은 직접 나서서 싸우기도 하고 몰래 농민군을 도와주기도 했어. 아마 여성들은 누구보다도 세상이 평등해지기를 바랐을 거야.

아무리 여자인들 나라 사랑 모르겠는가

동학 농민 운동이 일어난 이듬해인 1895년, 일본 깡패들이 몰래 궁궐에 들어가 명성 황후를 죽이고 말았어. 이 사건을 을미년에 일어났다고 해서 '을미사변'이라고 해. 고종은 러시아 공사관으로 도망가고 일본은 사실을 숨기려고 했어. 하지만 곧 세상에 알려지게 되었지. 지방에 있는 유학자들은 도저히 참을 수가 없었어. 이들은 백성들에게 사실을 알리고 뜻있는 사람들을 모아 일본을 물리치기 위해 총칼을 들고 일어났어. 이를 '의병'이라고 해.

남성들이 의병으로 나섰는데 여성들도 가만히 안방에 있을 수만은 없었지. 윤희순은 시아버지를 따라 의병에 들어가겠다고 했어. 하지만 시아버지 유홍석은 며느리 윤희순에게 남은 식구들을 부탁하고 의병을 이끌고 나갔지. 윤희순은 나라를 구하는 데는 남성과 여성의 구별이 없다면서 마을 부인들을 모아 의병을 돕는 일에 나섰어. 윤희순은 의병들에게 밥을 해 주고 입을 옷을 만들어 주는 일이 급하다고 생각했어. 그래서 마을 부인들과 함께 궂은일을 마다하지 않고 의병들을 도왔지. 그리고 '안사람 의병가'라는 노래를 지어 부르게 했대.

안사람 의병가

우리나라 의병들은 나라 찾기 힘쓰는데

우리들은 무얼 할까 의병들을 도와주세

내 집 없는 의병대들 뒷바라지 하여 보세

우리들도 뭉쳐지면 나라 찾기 운동이요

왜놈들을 잡는 것이니

의복 버선 손질하여 만져 주세

의병들이 오시거든 따뜻하게 만져 주세

우리 조선 아낙네들도 나라 없이 어이 살며

힘을 모아 도와주세 만세 만세 만만세요 우리 의병 만세로다

1907년 일본은 고종 황제를 강제로 물러나게 하고 우리나라 군대를 없애 버렸어. 군인들은 더는 참을 수가 없어 의병에 참가했고 의병 활동은 전국으로 번져 갔어. 이때에도 윤희순은 여성들을 서른 명쯤 모아 부대를 만들었어. 여성 의병은 의병대들의 밥과 빨래를 하고, 남자들과 같이 군사 훈련을 받기도 했대.

이름은 알려지지 않았지만 많은 여성들이 함께했기 때문에 윤희순 같은 여성이 앞장설 수 있었어.

윤희순 시아버지, 남편과 더불어 만주로 망명해서 독립 운동을 했어. 1935년 아들이 일본 경찰에게 붙잡혀 모진 고문으로 죽자 원통해하다 76세 나이로 세상을 떠났어. 1991년에 윤희순의 공로를 기려서 나라에서는 건국 훈장을 주었단다.

최초의 여학교

조선 시대에는 마을의 서당에서 일곱 살부터 열다섯 살에 이르는 남자아이들을 가르쳤어. 하지만 여성들은 서당에 가서 공부할 수 없었단다. 조선 시대의 학자나 시인으로 알려진 여성들은 집에서 글을 배웠어.

왜 여성들을 서당에 보내지 않았을까? 여성들은 가정생활만 잘하면 된다고 생각했고 요리, 옷감 짜기, 바느질 같은 일들은 집에서 어른들에게 배울 수 있었으니까.

개항이 되면서 다른 나라에서 온 선교사들이 여자아이들을 가르치는 학교를 만들었어. 또, 서학이나 동학의 영향으로 여성들이 '우리도 배워야겠다.'는 생각을 하면서 학교를 만들어 달라고 당당하게 나라에 요구하기도 했어.

> 문명개화한 나라를 보면 남녀가 어려서부터 각각 학교에 다니며 재주를 다 배운다……. 어찌하여 몸이 남자와 다름없이 같은데 안방에 머물러 다만 밥과 술이나 지으리오. 우리도 다른 나라와 같이 여학교를 설치하고 각각 여자아이들을 보내어 재주와 행세하는 도리를 배워 남녀가 일반 사람이 되게 (합시다).

이 글은 '찬양회'라는 여성 단체가 〈독립신문〉에 발표한 내용이야. 우리 역사에서 처음으로 '여학교를 설치해 달라.'고 주장한 것이지.

찬양회는 김소사를 비롯해서 주로 서울에 사는 양반 여성들이 모여서 만든 단체야. 여러 차례 여학교를 세워 달라고 상소를 올렸지만 나라에서는 학교를 세워 주지 않았어. 그래서 찬양회는 자신들의 힘으로 1899년 순성 여학교를 세웠지. 우리나라에서 민간인이 처음으로 세운 여학교, 게다가 여성들이 힘을 모아서 세운 여학교야.

순성 여학교가 세워지기 전에 미국인 여성 선교사 스크랜턴이 고아들을 모아 이화 학당을 세웠어. 지금의 이화 여자 고등학교와 이화 여

자 대학교란다. 그 뒤에도 서양 선교사들은 여성 선교사를 키우기 위해 학교를 많이 세웠지. 양반 여성들뿐만 아니라 평민 여성들도 학교를 다니기 시작했어.

희준이는 학교 가는 일이 당연하다 못해 가끔은 지겹기도 하겠지만 어렵게 학교에 다니기 시작한 여성들은 마음이 달랐을 거야. 동무를 만나고, 글자를 배우고. 참 가슴 설레지 않았을까?

여학교 구경 가기

외국인 선교사들은 처음 학생들을 모을 때 생각지도 못한 일들을 겪었어. 선교사들이 학생들을 모으려고 집집마다 찾아다니면 아이들이 소리를 지르고 울면서 달아났다고 해. 심지어 선교사들이 어린이를 유괴하여 잡아먹는다는 소문까지 퍼졌단다. 딸들은 바깥에 내보내면 안 되고 집안일만 잘하면 된다고 생각하는 부모들이 여전히 많았어. 그러나 시간이 흐르면서 학생 수가 조금씩 늘어났단다.

선생님의 등만 보며 수업을 듣다

여학교에서는 여자 선생님이 가르쳤는데 한문이나 역사는 남자 선생님이 가르치기도 했어. 그런데 조선 시대에는 남녀가 일곱 살만 넘으면 함께 있을 수 없다고 했잖아. 그때까지도 그 생각이 남아 있어서 남자 선생님들은 교실에 들어오기 전에 헛기침으로 신호를 보냈어. 또 학생들과 눈을 마주치지 않고 끝날 때까지 칠판만 보고 가르쳤대. 선

여학교 입학생 이화 학당에 갓 입학한 학생들이야.

생님과 학생 사이에 병풍을 치고 공부하는 곳도 있었다는구나.

또 다른 학교생활, 기숙사

선교사가 운영하는 학교에서는 고아를 데려다가 교육시켰기 때문에 기숙사가 필요했어. 또 집을 떠나서 공부하는 여학생들을 위해서도 기숙사를 세워야 했어.

보통 한 방에 대여섯 명이 함께 지냈고, 방마다 학생들의 생활을 돕고 의견을 모으는 방장이 있었어. 아침에 일어나고 잠자는 시간, 밥 먹는 시간이 정해져 있었어. 그리고 외출도 정해진 시간에 해야 돼. 규칙이 엄격해서 불편하기는 했지만 여학생들은 기숙사에서 함께 지내면서 또래 동무들과 어울리며 꿈을 키워 나갔어.

쓰개치마 소풍

학교에서 공부만 한 것은 아니야. 학교 밖으로 소풍도 갔단다. 예전보다 바깥출입이 자유롭기는 해도 함부로 맨얼굴을 드러낼 수 없었지. 그래서 모두 쓰개치마를 쓰고 줄을 지어 걸었단다.

동네잔치, 운동회

운동회도 했는데 지금처럼 학생들과 학부모만 참석한 것이 아니라 마을 사람들이 모두 모이는 동네잔치였단다. 특히 여성들은 운동회가 열리면 나들이하는 기분이었지. 장옷 입은 양반 여성, 늙은 부인, 젊은 새색시, 기생까지 참석했단다. 점심 차려서 하녀에게 들려 가지고

오는 사람도 있었어. 마을 사람들이 다 모이니 당연히 비용도 많이 들겠지. 마을 사람들이 낼 수 있는 만큼 거둬서 썼대. 여러 학교가 함께 하는 연합 운동회 때는 고종 임금이 관리들과 함께 참석하여 구경하기도 했지.

학교에서는 무엇을 배웠을까? 처음 여학교가 세워졌을 때는 가르치는 과목도 남학교와 달랐어. 남학교는 물리, 화학, 실업, 경제를 가르쳤고, 여학교는 가사, 재봉을 중심으로 수업을 했어. 재봉 과목은 3학년까지 일주일에 12시간씩 가르쳤어. 재봉은 국어, 한문, 일본어 다음으로 중요한 과목이었지.

일본의 침략을 받아 지배를 당하던 때는 어땠을까? 일본은 일본에 충성하는 사람으로 키우는 것을 교육 목표로 삼았고, 나라와 남편에

여학교의 수업 시간 실업 수업으로 옷감 짜는 방법(왼쪽)과 수놓기(오른쪽)를 가르쳤어.

예절 교육을 받는 여학생들 1970~1980년대까지도 여학생들은 한복을 차려입고 예절 교육을 받았어.

복종하는 여성이 훌륭한 여성이라고 가르쳤어. 조선 총독부에서 만든 교과서에는 이런 구절이 있어.

> 여자가 그 부모의 교훈 명령에 따르지 않고 아내가 그 남편에게 복종하지 않는다면 한 집안의 질서나 평화는 결코 보존되지 않을 것이다.

여자 고등 보통학교에서는 일주일에 31시간을 공부하는데 재봉과 수예, 가사같이 집안일을 가르치는 과목이 14시간으로 전체 수업 시간의 절반이었어.

일본은 "다른 것을 배우지 못하더라도 적어도 가사에 관해서는 지식과 실기를 배우게 해야 한다. 초등학교 모든 과목 가운데 가장 필수

적이고 효과적인 과목이다. 여자 교육에 있어서는 모든 과목이 이 과목에 연결되고 종합되어 있다."고 했어.

　학교가 생겼다고 해서 하루아침에 세상 사람들 생각이 달라진 게 아니야. 집 대문을 나서서 바깥세상을 만나고 새로운 세상을 꿈꾸는 여성들에게 여전히 아내와 어머니로서 해야 할 일만 강조했어. 하지만 여성들은 그런 처지에서도 자기만의 꿈을 꾸었고, 세상을 바꾸는 데 힘을 보태기 시작했어.

통계로 본 여성 교육

여성이 정식으로 교육을 받기 시작한 것은 백여 년밖에 안 되었단다. 처음 여학교에는 학생이 많지 않았어. 게다가 입학했다가 중간에 그만두는 학생들도 많았단다. 여성 교육이 어떻게 변했는지 학생 숫자로 한번 알아보자.

대한 제국 말 보통학교의 남녀 전체 학생 수

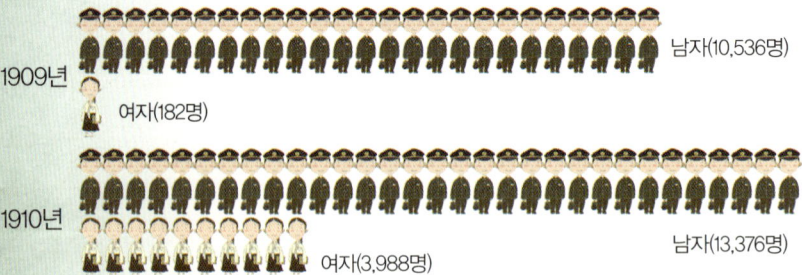

1909년 남자(10,536명) 여자(182명)
1910년 남자(13,376명) 여자(3,988명)

1909년에는 여학생이 2백 명도 채 안 됐어. 해마다 여학생 수가 늘고 학교도 늘었지만 학교에 들어갔다고 모두 다 졸업하는 것은 아니야. 중간에 학교를 그만두는 경우가 많았는데 특히 여성들은 더 심했어. 일찍 결혼시키거나 '이름을 쓰고 글자만 읽을 줄 알면 됐다. 집안일이나 돕다 시집가라.'고 부모가 학교를 그만두게

일제 시대 공립 보통학교 여학생 수 (단위 : 명)

연도	입학	졸업	중퇴
1911년	1,975	73	897
1920년	7,719	737	3,863
1930년	27,807	8,054	15,829
1940년	117,783	31,579	24,278

여학생들의 농촌 계몽 활동 다른 여성들보다 일찍 학교 교육을 받은 여성들이 방학 때 농촌에 가서 여성들과 아이들에게 글을 가르치는 봉사 활동을 했단다.

했기 때문이야. 또 가난하거나 학교까지 거리가 너무 멀어 그만두기도 했지.

그래도 보통학교에 입학하는 여성은 점점 늘어나. 1940년 보통학교에 입학한 여성은 1911년보다 무려 60배쯤 많아. 비록 중간에 그만두는 여학생이 많았지만 글을 읽고 쓸 줄 아는 여성은 예전보다 많아졌지. 해방 뒤에도 공부하는 여성은 계속 늘어났어.

1955년에는 배우지 못했거나 초등학교만 졸업한 여성이 97퍼센트로 가장 많아. 그런데 시간이 흐르면서 중학교, 고등학교, 대학교를 졸업하는 여성들이 늘어나. 교육받은 여성들이 늘어나면서 사회 여러 분야에서 여성이 하는 일이 늘어나고 여성의 지위가 높아지는 바탕이 되었단다.

해방 뒤 25세 이상 여성의 최종 학력 (단위: 퍼센트(%))

연도	초등학교 졸업 이하	중학교 졸업	고등학교 졸업	대학교 졸업 이상
1955년	97.0	2.0	0.7	0.3
1970년	84.7	8.2	5.5	1.6
1990년	43.0	20.3	28.4	8.3
2005년	25.5	12.1	37.0	25.4

2_일제 시대에 등장한 신여성

신여성들은 여성을 무시하는 낡은 관습을 깨뜨리고 새로운 문화를 만들려고 노력했어. 최초의 여성 화가 나혜석은 서울에서 처음으로 개인 전시회를 열어 좋은 평가를 받았어. 1920년에 결혼했는데 남편에게 옛 애인의 무덤에 비석을 세워 달라고 할 만큼 속마음을 드러내는 데 주저함이 없었대.

개항 뒤 새로운 직업이 다양하게 나타났어. 도시를 중심으로 여성의 일자리가 생겼고, 교육을 받은 여성들은 전문 직업을 갖게 되었지. 여성들은 이제 안채에만 머물지 않았어. 그 시절 여성들의 모습이 옛 여성들과 무엇이 다른지 견주어 보렴.

신여성들은 어떤 꿈을 꾸었을까?

신여성의 옷차림

희준아, 옆 사진 좀 봐. 짧은 치마를 입은 신여성이야.

신여성이라는 말은 우리나라에서 처음 쓴 것은 아니야. 이 말을 처음 쓴 나라는 영국이야. 여성에게 투표권을 달라고 주장하거나 바지를 입고 다니는 여성들을 '뉴 우먼

(new women)', 곧 신여성이라고 했단다. 이 말이 일본을 거쳐 우리나라에 들어왔고, 1920년대 유행어가 되었어.

신여성들은 옷차림부터 다른 여성과 달랐기 때문에 사람들의 관심을 끌었어. 저고리는 짧고 치마는 길어 불편했던 한복을 고쳐 저고리는 허리까지 내려오게 하고, 치마는 발에 걸려 거치적거리지 않게 종아리가 조금 보일 만큼 짧게 입었어. 또 밖에 나갈 때 쓰던 장옷이나 쓰개치마도 벗어 버렸어. 대신 검정 우산을 썼지. 검정 우산은 곧 양산으로 바뀌었어.

어떤 여성들은 한복이 아니라 양장을 입기도 했어. 양장을 할 때는 버선 대신 양말을 신고, 당혜 대신 구두를 신었지. 이밖에도 모자나 안경을 쓰거나 목도리를 두르기도 했고, 댕기를 매거나 쪽을 쪘던 긴 머리를 짧게 자르기도 했단다.

신여성은 옷차림만 달랐던 게 아니야. 여성을 무시하는 낡은 관습

화가 나혜석의 신식 결혼식 개화기 때 유행했던 결혼식 모습이야.

을 깨뜨리고 새로운 문화를 만들려고 노력했어. 최초의 여성 화가 나혜석은 서울에서 처음으로 개인 전시회를 열어 좋은 평가를 받았어. 1920년에 결혼했는데 남편에게 옛 애인의 무덤에 비석을 세워 달라고 할 만큼 속마음을 드러내는 데 주저함이 없었대. 그리고 남편과 함께 세계 일주를 하다가 혼자 파리에 남아 8개월 동안 그곳에서 미술 공부를 했어. 나혜석은 어떤 생각을 하며 세계 여행을 했을까? 길을 떠나기 전에 나혜석이 쓴 글이 있어.

내게 늘 불안을 주는 네 가지 문제가 있었다. 첫째 사람은 어떻게 살아야 잘 사나, 둘째 남녀 간은 어떻게 살아야 평화스럽게 살까, 셋째 여자의 지위는 어떠한 것인가, 마지막으로는 그림의 요점이 무엇인가이다. 이것은 실로 알기 어려운 문제다……. 이태리나 불란서 그림계를 동경하고 구미(歐米:유럽과 미국) 여자의 활동이 보고 싶었고 구미인의 생활을 맛보고 싶었다……. 내일 가족을 위하여, 내 자신을 위하여, 내 자식을 위하여 드디어 떠나기를 결정하였다. -《삼천리》 1932년 11월, 1933년 1월

나혜석이 잡지에 쓴 글이야. 공개적으로 이러한 글을 쓰기가 아마 쉽지 않았을 거야. 그때에는 나혜석처럼 자기 생각을 당당하게 말하는 여성들을 좋지 않게 생각하는 사람들이 많았거든. 하지만 신여성들은 자신이 하고 싶은 일을 찾아 집 밖에서, 세상 속에서 열심히 활동하며 살았어.

일제 시대에 무용가로 이름을 세계에 알린 최승희는 1929년 서울에 무용 연구소를 열고, 이듬해 무용 발표회를 했어. 이날 최승희는 다

른 사람의 춤을 따라 한 것이 아니라 모두 자신이 창작한 작품을 선보였어. 그녀는 미국, 프랑스, 벨기에, 스위스, 이탈리아에 가서 자신의 춤을 추었어.

사회 운동가 허정숙은 일본에서 공부를 마치고 조선으로 돌아온 뒤 여성들이 낡은 관습에서 벗어나도록 교육시키는 일에 앞장섰단다. 그녀는 일곱 번이나 결혼했다고 해서 사람들의 관심과 비난에 시달렸지. 그런데도 그녀는 열심히 활동하다 1936년 독립운동을 하기 위해 중국으로 떠났어.

무용가 최승희

신여성의 자유연애와 자유 결혼

'연애'라는 말은 1920년대에 사람들이 즐겨 쓰는 유행어였어. 자유연애는 여성이 어린 나이에 강제로 결혼해야 하는 낡은 관습에서 벗어나는 것을 뜻했어.

이때 여성들은 어떻게 연애를 했을까? 젊은 남성과 여성이 자유롭게 만나는 게 쉽지 않았기 때문에 편지로 서로의 마음을 전했단다. 그래서 연애편지 잘 쓰는 방법을 알려 주는 책이 인기를 끌었다고 해.

자유연애는 곧 자유롭게 결혼하는 것으로 이어졌어. 결혼식도 집에서 하지 않고 교회나 절, 신문사 강당 같은 곳에서 했지. 다른 여성들보다 신여성은 자신들이 선택한 남성과 결혼하고 싶어 했고, 시부모와 떨어져서 부부만으로 독립된 가정을 이루는 게 꿈이었단다. 예전에는 남성과 여성이 함께 밥상에 앉아 밥도 못 먹었는데 신여성들은 부부가 함께 밥을 지어야 한다는 생각까지 했지. 그러나 그렇게 실천하는 부부를 찾아보기는 힘들었단다.

신여성들은 모두 자기 분야에서 열심히 활동했어. 그렇지만 그때까지도 대부분의 사람들은 여성은 바깥일보다는 남편과 자식을 위해 가정을 지켜야 한다고 생각했지. 그래서 신여성들은 사람들에게 비난과 차가운 대우를 받아야 했지. 그래도 신여성들은 씩씩하게 자기 앞에 닥친 일들을 헤쳐 나갔단다.

여성들의 새로운 일터

사회가 바뀌면서 새로운 직업이 생겨나고 여성들만 하는 일자리도 생겼어. 전화 교환수, 티켓걸, 카페걸, 데파트먼트걸(백화점 점원), 미용사 같은 직업이야.

1902년 3월부터 서울과 인천 사이에 전화가 개통되면서 전화 교환수가 등장했어. 전화 교환수가 되기 위해서는 목소리가 맑고 듣기 좋아야 했대. 이들은 열다섯 살에서 열여덟 살쯤 된 여성들인데 가장 바쁜 시간은 오전 11시부터 오후 2시까지였단다.

극장이 생기면서는 입장권을 파는 '티켓걸'이 생겼어. 카페나 다방에서 일하는 여성도 있었어. 이곳에서 일하는 여성들을 '카페걸'이라고도 하고 '여자 급사'를 줄인 말로 여급이라고도 했단다. 유럽에서 카페는 커피와 차, 끼니를 때울 수 있는 음식을 팔았는데 일본에서는 술도 함께 팔았지. 일본 카페 문화가 조선으로 고스란히 흘러들어 왔어. 그때 카페는 오늘날과는 달랐어. 개인 전람회를 열기도 했고, 영화 시사회나 책 출판 기념식도 했어. 카페나 다방에서 음식이나 마실 것만 사

일제 시대의 전화 교환수

먹는 게 아니라 새로운 문화를 느낄 수도 있었던 거야.

지금도 그렇지만 물건을 한곳에 모아 놓고 파는 백화점은 사람들의 호기심을 자극하는 장소야. 백화점에서는 이때까지 구경하지 못했던 넥타이, 안경, 전축, 원피스, 모자 따위 물건을 팔았고 그곳에서 일하는 여성들은 한결같이 웃는 얼굴로 손님을 맞이했어. 백화점에서 일하는 여성들은 열다섯에서 스물다섯 살 사이였고 초등학교나 중학교를 졸업한 사람들이었어. 그때는 그 정도 학교 교육을 받은 여성이 흔치 않았지. 그러다 보니 결혼이나 연애할 상대를 찾는 청년들이 풀 방구리(풀을 담아 놓는 작은 항아리)에 쥐 드나들듯 백화점을 찾았고 이들 사이에 얽힌 연애 이야기가 심심치 않게 잡지에 실리곤 했어.

그러나 백화점에서 물건을 파는 일은 꽤 힘들었고 임금도 그리 높지 않았어. 백화점에서 일하는 여성들은 일이 고달프다고 말했지.

"아침 9시부터 밤 11시 넘을 때까지 나는 10시간 넘게 서 있다. 가지

각색 사람들에게 애교 웃음으로 '서비스'를 한다. 화장실 갈 틈조차 빼앗기고 서 있어야 한다."

하루 종일 서서 일하기는 참 힘들어. 게다가 서비스직이라 슬픈 일이 있어도 늘 웃는 얼굴로 손님들을 맞이해야 하니 더 힘들었을 거야. 그래도 여성들은 백화점이나 극장, 카페 같은 데서 일하기를 바랐어. 새로운 문화를 만날 수 있는 곳이었으니까. '카페걸, 티켓걸, 데파트먼트걸'은 다른 여성들이 부러워하는 일이었어.

학교를 다니는 여성들이 늘어나는 것만큼 직업을 갖고 일하는 여성들도 늘어났어. 그 시절 일하는 여성들은 월급을 받아서 어떻게 썼을까? 아마 지금 사람들이랑 다르지 않을 거야. 집안 살림에 보태기도 하고, 한 푼 두 푼 모아서 저축도 하고, 아끼고 아껴서 보고 싶었던 영화를 보기도 했을 거야. 여름에는 신여성 사이에서 유행하던 하얀 구두를 한 켤레 샀을지도 몰라. 희준이는 아직 잘 모르겠지만 내 힘으로 일해서 돈을 버는 일은 아주 멋지고 신 나는 일이란다.

의사 · 교사 · 기자가 된 여성들

고등 교육을 받은 여성들은 의사, 교사, 기자, 소설가 같은 직업을 가졌단다. 1928년 경성 여자 의학 강습소(경성 여자 의학 전문학교)가 세워지면서 유학을 가지 않아도 의학을 배울 수 있었고, 이곳을 졸업한 여성들은 의사 면허 시험을 쳐서 정식 의사가 되었어. 여성 의사들은 주로 산부인과와 소아과에서 일했어. 여성 의사들은 의사가 되기까지 공부하는 과정도 힘들었지만 의사가 되어서는 더 힘들었대. 사회에서는 여전히 남성 의사를 더 인정했거든. 그리고 의사건 아니건 결혼한 여성은 집안일도 도맡아 해야 했으니까. 어려움을 이겨 내기 위해 어떤 여성 의사는 늘 이런 결심을 하면서 일했단다.

"나는 의사로서 완전한 존재가 되어 보겠다. 성공을 위해서는 어떠한 어려움이라도 뚫고 돌진할 각오를 가지고 있다."

의사가 된 여성들은 총독부가 운영하는 병원에서 몇 년 동안 일한

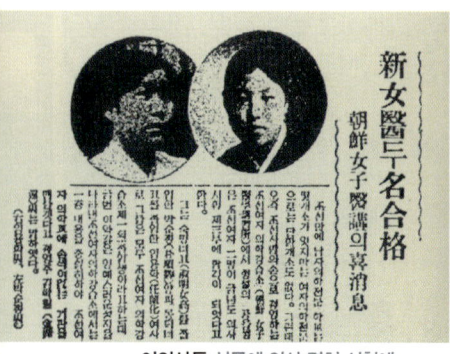
여의사들 신문에 의사 면허 시험에 합격한 여의사 기사가 실렸어. 경성 여자 의학 강습소 1회 졸업생이야.

기자 최은희 최은희는 〈조선일보〉 기자였어. 취재를 하기 위해서 기생으로 꾸미기도 했다는구나.

뒤 다른 병원에 취직하거나 개인 병원을 열었어. 의사가 드물고, 산부인과 질병을 잘 모르는 지방에서 개업한 여성 의사들은 여성과 아동의 건강을 보살피는 데 중요한 몫을 했단다.

교사는 고등 교육을 받은 여성들이 가장 좋아하는 직업이었어. 여학교가 늘면서 여교사가 많이 필요했어. 처음에 여교사는 여학생만 가르쳤는데 1922년 조선 총독부의 지시로 남자 보통학교에서도 여교사를 채용했다는구나. 총독부는 여교사를 채용하는 까닭을 이렇게 밝혔어.

"여자가 남자보다 아동의 심리 상태를 더 잘 이해하며 친절한 몸가짐과 성질이 풍부하므로 자연히 아동에 대한 교육과 지도에는 여자 교원이 낫다."

여성이 학교에 다니며 공부를 하게 된 일도 큰 변화였지만 교사가 되어 학생을 가르치게 된 일도 아주 큰 변화였지. 조선 시대에는 가르치는 일은 남성만 할 수 있었거든.

신문과 잡지 같은 언론 분야에 여성 기자가 등장한 것은 1920년대

였지. 여성 기자는 아주 드물었지만 여성에게 새롭게 기회가 생긴 전문 직업이었어. 기자들이 대부분 남성이다 보니 어려움도 많았대. 〈신여성〉 잡지 기자였던 송계월은 "남성들이 조직해 놓은 사업 단체에 몇 안 되는 여성이 섞여 일을 한다는 것은 곤란한 점이 많습니다."라고 털어놓았어. 그래도 여기자들은 열심히 일했어. 〈조선일보〉 기자였던 최은희는 때로는 기생 차림으로, 때로는 얼굴에 먹물을 바르고 남루한 옷을 입은 행랑어멈으로 변장한 뒤 취재를 다녔대.

어떤 일이든 처음 시작하는 일은 힘들고 어려워. 의사로, 교사로, 기자로 새로운 직업에 도전한 씩씩한 여성들이 머릿속에 그려지네.

'와쿠 와쿠 잘 돌아라'

새로운 직업 가운데 하나는 공장 노동자였어. 1920년대 공장들이 많이 생겼단다. 대부분 실 만드는 공장(제사 공장), 옷감 만드는 공장(방직 공장), 고무신 만드는 공장(고무 공장)이었어. 주인은 일본인이었지. 처음에는 우리나라의 쌀이나 광물을 일본으로 가져가고, 일본 공장에서 생산한 물건을 우리나라로 가져와 팔았어. 그러다가 우리나라에 공장을 세우기 시작한 거야. 일본인은 왜 우리나라에 공장을 많이 세웠을까? 일본 노동자보다 우리 노동자들 임금이 훨씬 낮았기 때문이야.

공장에서는 남성 노동자보다 임금이 훨씬 낮은 여성 노동자들을 많이 고용했어. 부모들은 결혼도 안 한 여성이 집을 떠나 공장 기숙사에서 지내야 한다는 불안감에 딸이 공장에 취직하는 것을 반대했어. 그러자 어떤 곳에서는 공장 책임자가 직접 마을로 와서 부모들을 안심시키고는 마을 처녀들을 공장으로 데려가기도 했지.

공장에 들어가서는 어떻게 지냈을까? 방직 공장에서 일했던 여성의 이야기를 들어 볼까?

열아홉 살 되던 가을에 부산에 있는 방직 회사에 들어갔습니다. 처음 일을 배우는 기간은 3개월인데 이때는 밥값을 빼고 한 달에 15원을 주고, 3개월 뒤부터는 한 달에 50원을 준다고 했습니다. 이 말에 얼마나 기뻤는지 모릅니다. 그런데 공장에 도착한 첫날부터 눈물이 나왔습니다. 먹으라고 준 밥은 다른 나라에서 가져온 쌀로 지었는데 밥에 풀기가 없고 석유 냄새가 났습니다. 반

실 만드는 공장 일제 시대 많은 여성 노동자들이 기숙사에 지내며 이런 공장에서 일했어. 대개 1, 2년 만에 폐병에 걸리고 공장에서도 쫓겨났지.

찬이라도 맛있으면 얼마나 좋겠어요. 된장국 하나만 겨우 나오거나 소금 덩어리가 그대로 있는 방금 절인 새우젓이 나왔어요. 새우젓은 도저히 비린내가 나서 먹을 수가 없었답니다. 어떤 친구들은 밥도 먹지 않고 숟가락만 들고 멍하니 있다가 식당을 나가기도 했습니다.

작업 시간은 꼬박 12시간인데 밤낮 두 번으로 나누어 교대합니다. 또 작업 장소는 더운 여름날에도 문을 꼭 닫습니다. 공기가 들어오면 실이 끊어지기 때문이랍니다. 한 달에 50원을 준다는 말도 거짓말이었습니다. 저는 1년이 지나도 40전에서 1원 정도밖에 못 받았습니다.

그리고 벌금 제도가 있어 열심히 일한 돈이 벌금으로 나가기도 합니다. 아침에 지각하면 5전, 점심시간에 늦으면 10전, 일하다 졸면 15전이랍니다. 그래서 지난달에는 제가 받은 돈에서 반이 벌금으로 나갔습니다. 우리들이 곧잘 부르는 노래가 있는데 들어 보세요.

와쿠 와쿠 잘 돌아라
핑핑 잘 돌아라
네가 잘 돌면 상금
네가 못 돌면 벌금

이 노래는 강경애란 여성 소설가가 쓴 소설 《인간문제》에 나와. '와쿠'는 실을 감는 도구인 얼레의 일본 말이야.

여성 노동자는 일본인 노동자는 물론이고, 조선인 남성 노동자보다도 임금을 적게 받았어. 남성 노동자들은 일본인 남성 노동자들이 받는 품값의 절반을 받았고, 여성 노동자들은 4분의 1을 받았어. 1929년의 물가를 보면 쌀 한 되가 31전이고 달걀 열 개가 43전이야. 앞에서 여성 노동자가 한 달에 40전에서 1원을 받았다고 했잖아. 죽도록 일해도 많아야 쌀 세 되 값밖에 못 받았다는 이야기야. 일은 똑같이 고되게 하는데도 임금을 조금밖에 주지 않으니 당연히 여성들은 가만히 있을 수 없었어. 여성 노동자들은 여러 가지 방법으로 자기들의 권리를 주장했어. 거의 모든 공장에서 여성 노동자들은 자신들의 뜻을 주장하기 위해 파업을 했어.

1923년 광화문 근처 고무 공장 여성 노동자들이 일으킨 파업은 우리 역사에서 아주 유명한 사건이야. 약속한 임금을 주지 않았기 때문에 이를 바로잡기 위해서 파업을 했지.

백 명쯤 되는 여성 노동자들이 다른 공장에서 일하는 노동자들과 뜻을 모아 함께 파업을 했어. 여성 노동자들은 임금을 내리지 말 것과 여성에게 무례한 행동을 한 감독을 해고하라고 요구했어. 공장에서는 오히려 파업에 참가한 여성 노동자들을 해고하겠다고 위협했지만 여성 노동자들은 끄떡도 하지 않았지. 전국에서 이들을 돕기 위해 모금 운동을 했고, 힘내라고 응원하는 편지가 쏟아졌어. 일본과 중국의 노동자들이 보낸 편지도 있었어. 사람들은 관심을 가지고 이 파업을 지켜보았지. 공장 사장은 월급은 적게 주고 일을 많이 시킬 생각이었을 거야. 하지만 노동자들이 일을 하지 않으면 물건을 만들 수 없어. 아무리 비싼 기계를 들여놓아도 기계를 움직이는 사람이 없으면 소용이 없는 거야. 결국 공장 사장도 여성 노동자들의 요구를 들어주었어.

어렵고 힘든 일도 여럿이 함께하면 희망이 생기는 법이란다.

을밀대 지붕 위에 올라간 강주룡

이른 아침인데 평양에 있는 을밀대(고구려 때 지어진 누각) 지붕 위에 한 여성이 올라가 있어. 그 여성의 이름은 강주룡이야. 평양 평원 고무 공장에 다니는 노동자란다. 강주룡이 을밀대 지붕 위에서 밤을 지새운 까닭은 자기들의 사정을 알리기 위해서였어. 어떤 사정인지 들어 볼까?

"고무 공장에서 일하는 우리는 양철 지붕 밑에서 화로를 안고 비지땀을 흘리며 일을 합니다. 고무 냄새 때문에 늘 코가 얼얼하고 머리가 아픕니다. 그렇게 열심히 일했는데 회사에서 우리들의 임금을 내리겠다고 합니다. 우리는 도저히 참을 수 없었습니다. 그래서 1931년 5월 16일 파업을 시작했습니다. 파업을 시작한 뒤 우리는 계속 공장에 있었습니다. 우리는 '돈을 못 받아 굶어 죽으나 파업하다가 굶어 죽으나 마찬가지.'라고 생각하고 열심히 싸웠습니다. 그러자 회사는 5월 28일 경찰을 불러 밤 11시에 우리들을 회사 밖으로 내쫓았습니다.

나는 시장에서 광목을 사서 줄을 만들었습니다. 그 줄을 타고 12미터나 되는 을밀대 지붕 위로 올라와 농성을 시작했습니다. 나는 이곳에서 9시간 반이나 있었습니다. 우리들은 우리들 임금이 깎이는 것만 걱정하지 않습니다. 우리 임금이 깎이면 평양에 있는 다른 고무 공장 노동자들의 임금도 깎일 것입니다. 나는 많이 배우지는 못했습니다. 그렇지만 내가 권리를 포기해서 다른 사람에게까지 피해를 줄 수는 없습니다."

강주룡 지붕 위에서 홀로 농성을 하고 있어.

강주룡의 이야기는 신문과 잡지에 실려 세상에 알려졌어. 강주룡은 일본이 얼마나 노동자들을 착취하고 있는지 알리기 위해 을밀대에 올라간 거야. 그렇게 해서 우리나라 최초로 높은 곳에 올라가서 시위를 한 노동자가 되었단다. 평양 경찰서로 끌려간 강주룡은 76시간 동안 단식을 하면서 자신의 뜻을 굽히지 않았어. 결국 강주룡은 1932년 서른한 살에 숨지고 말았어.

3_독립운동에 나선 여성들

양반집 여성부터 기생에 이르기까지 다양한 여성들이 함께했단다. 이렇게 여성들이 어떤 목적을 이루기 위해 신분과 지역을 가리지 않고 단체를 만들어 활동한 일은 우리 역사에서 처음 있는 일이었어. 여성들은 이런 일들을 하면서 스스로의 힘을 확인했고, 남성과 여성이 평등하다는 생각을 했단다.

일제 시대는 쉽게 끝나지 않았어. 나라가 어려울 때마다 여성들도 늘 발 벗고 나섰잖아. 일제 시대에도 마찬가지였어. 식민지를 벗어나 독립 국가를 세우기 위해 남성들과 함께 여성들도 나섰지.

나라를 구하기 위해 여성들은 어떤 일을 했을까?

나랏빚을 갚읍시다

희준이는 '아이엠에프(IMF) 사태'라는 말을 들은 적 있지? 나라의 형편이 어려워져서 빚을 갚을 수 없어 어려움을 겪은 일이야. 그런 일이 백여 년 전에도 있었지. 1876년 강화도 조약으로 나라 문이 열리자 일본은 도로 시설을 정리한다, 금융 기관을 확장한다 온갖 명분을 내세워 우리가 감당하지 못할 돈을 우리나라로 들여왔어. 그 돈은 고스란히 우리나라의 빚으로 쌓였어. 그때 돈으로 1300만 원쯤이었는데, 이

금액은 한 해 나라의 전체 예산과 맞먹을 만큼 큰 것이었어.

나랏빚을 갚기 위해 백성들이 나섰어. 국채 보상 운동이 일어난 거야. 국채 보상 단체가 나라 안 방방곡곡에서 만들어졌지. 이 소식을 들은 여성들은 '나라를 생각하는 마음은 백성의 일인데 남성과 여성이 다르지 않다.'며 국채 보상 운동에 참여했어.

국채 보상 운동에 나선 여성들은 일상생활에서 쉽게 실천할 수 있는 방법들을 찾았어. 가락지나 비녀 같은 패물을 모으고 반찬이나 밥을 줄여서 그 돈을 모으기도 했지. 또 그때는 물장수에게 물을 사서 먹는 경우가 많았는데 여성들이 직접 길어다 먹으면서 물값을 모으기도 했어.

여성들은 자신들의 힘으로 단체를 만들고, 돈을 모으고, 선언문을 발표하기도 했어. 양반집 여성부터 기생에 이르기까지 다양한 여성들

이 함께했단다. 이렇게 여성들이 어떤 목적을 이루기 위해 신분과 지역을 가리지 않고 단체를 만들어 활동하기는 우리 역사에서 처음 있는 일이었어.

사람은 남자와 여자가 같다……. 이렇듯이 국채를 갚고 보면 국권이 회복할 뿐만 아니라 우리 여자의 힘을 세상에 알려 남녀동권을 찾을 것이다. -〈대한매일신보〉 1907년 4월 23일

여성들의 만세 운동

1919년 3월 1일 아침, '우리나라가 독립국'임을 밝히는 독립 선언서가 시내 곳곳에 뿌려졌어. 종로 3가에 있는 탑골 공원에는 수천 명이 모여 있었어. 한 학생이 독립 선언서를 읽자 사람들은 한꺼번에 만세를 외쳤어. 그 소리가 하늘에 울리고 땅을 뒤흔들었지. 사람들은 행진했고, 시내 곳곳에는 독립을 알리는 종이가 눈처럼 휘날렸어. 일본 군대와 경찰이 나서서 막으려 했지만 소용없었지.

3·1 운동은 서울에서 하루만 일어났던 게 아니야. 전국 주요 도시에서 한꺼번에 터져 나왔고, 다음 날 그 다음 날에도 이어졌어. 도시와 농촌을 가리지 않고 전국 방방곡곡으로 퍼져 나갔어. 남성이든 여성이든, 나이든 사람이든 어린이든 조선 사람은 누구나 만세를 외쳤어.

개성의 호수돈 여학교 학생들은 학교 지하실에서 독립 선언서와 태극기를 만들었어. 3월 3일 학생들은 만세를 부르며 행진을 하다가 일본 경찰에게 끌려갔지. 일본인 군수도 여학생들의 만세 운동을 보고 이렇게 말했다는구나.

"어린 여학생들이 자기 나라를 위해서 이와 같이 열렬히 운동을 벌인 것은 세계 어느 나라에서도 일찍이 볼 수 없었던 일이고, 나로서는 감격을 금할 길이 없다."

여학생들의 만세 운동을 보고 감동한 개성 사람들은 계속해서 거리로 나와 만세 운동을 벌였단다. 이뿐만 아니라 전국에 있는 모든 여학교가 만세 운동을 했을 만큼 여학생들의 활약은 대단했어.

만세 운동에 나서는 여성이 줄을 이었어. 해주의 기생들은 "우리는 죽어도 같이 죽고 살아도 같이 살자."고 결의하고 손가락을 깨물어 태극기를 그렸어. 이들은 흰색 치마저고리를 입고 머리에는 태극 수건을 쓰고 길거리로 나와 만세 운동을 벌였지. 수원, 통영, 진주에서도 만세 운동을 하다 잡혀간 기생이 많았단다. 사람들은 이들을 '사상기생'이라고 불렀대.

여성들은 만세 운동뿐 아니라 여러 가지 방법으로 독립운동을 했어. 여성들이 어떤 일을 했는지 한번 들어 보렴.

만세 운동의 영웅 유관순

만세 운동 때 여학생들이 많이 참가했다고 했지? 유관순도 그 여학생들 가운데 한 사람이야. 유관순은 1904년 충청남도 천안에서 가난한 집 딸로 태어나 미국인 선교사의 도움으로 이화 학당에 들어갔어. 3·1 운동 때는 열여섯 살로 고등과 1학년이었지. 만세 운동으로 잠시 학교가 문을 닫아서 고향으로 내려왔어. 서울에서도 만세 운동에 참여했던 유관순은 천안군 동면 아우내 장터에 사람들을 모은 뒤 연설을 하고 앞장서서 행진을 했어. 그러다 일본 경찰에게 잡혀갔지. 유관순은 재판정에서 "너희들은 우리 땅에 와서 우리 동포들을 수없이 죽이고 나의 아버지와 어머니를 죽였으니, 죄를 지은 자는 바로 너희들이다. 너희들은 우리를 재판

유관순 초상

할 그 어떤 권리도 명분도 없다."고 하면서 재판을 거부했단다. 유관순은 감옥살이를 하면서 제대로 먹지도 못하고 고문을 받아 1920년 열일곱 살로 감옥에서 죽었단다.

한국의 잔 다르크, 정정화

정정화는 1900년에 태어나 열한 살 때 결혼했는데 시가와 친가 모두 이름난 양반 가문이었어. 시아버지 김가진은 만세 운동 뒤 아들과 함께 '대한민국 임시 정부'가 있는 상하이로 망명했어. 정정화도 얼마 뒤 남편이 있는 상하이로 갔어. 그곳에 가 보니 임시 정부의 형편이 말이 아니었지. 그녀는 자신이 할 수 있는 일이 무얼까 생각했어. 서울로 들어와 몰래 돈을 모아 상하이로 돌아갔어. 그렇게 여섯 번이나 임시 정부의 밀사로 활동했단다. 사람들은 정정화에게 '한국의 잔 다르크'라는 별명을 붙여 주었다는구나. 그 뒤에도 정정화는 임시 정부의 안살림을 도맡아 했고 여성 단체에서도 활동했지.

조선의용군 부녀대장, 이화림

이화림은 1905년 평양에서 태어났고 스물다섯 살 때 상하이로 갔어. 상하이에서는 이름을 이동해로 바꾸고 김구가 이끄는 애국단에 들어갔지. 이화림은 나물 장사나 삯빨래를 하면서 독립운동을 하는 데 드는 돈을 마련하고 생계를 꾸렸단다.

그 뒤에는 무장 독립운동 단체인 조선의용군의 부녀대 대장으로도 활동했어. 이화림은 일본에 저항하는 내용으로 가극을 만들어서 사람들에게 보여 주기도 하고, 일본군 진지 앞에서 몸을 숨긴 채 확성기

조선의용군 여성 대원들 남성들과 같이 조직적인 군사 훈련을 받았어.

를 들고 일본의 침략을 반대한다는 연설을 하기도 했어.

경찰서에 폭탄을 던진 안경신

안경신은 1887년에 태어났어. 애국부인회라는 단체를 만들어 독립운동에 필요한 돈을 모았어. 이 일로 일본 경찰에게 쫓기는 처지가 되어 결국 만주로 갔어. 하지만 동료들과 함께 다시 국내로 들어와 1920년 평안남도 도청에 폭탄을 던졌단다. 이 사건은 사람들을 놀라게 했어. 그 뒤 안경신은 평양 경찰서를 폭파하려다 실패하고 붙잡혔는데 우리나라 여성으로는 처음으로 독립운동을 했다는 이유로 사형 선고를 받았지. 다행히 10년 형으로 바뀌어 사형을 당하지는 않았어.

근우회가 궁금해

🙋 저는 지금 1927년 5월 27일, 종로에 있는 와이엠시에이(YMCA) 강당에 와 있습니다. 여성들이 많이 모여 있는데 무슨 일인지 한번 알아보겠습니다.

근우회 대변인 안녕하세요? 오늘은 우리 여성의 역사에서 기억될 만한 날입니다. 오늘 여성 단체들이 한자리에 모여 '근우회'를 만들었거든요.

🙋 왜 근우회를 만들게 되었나요?

근우회 대변인 일본과 싸우는 데는 여러 가지 방법이 있습니다. 어떤 이들은 교육이 중요하니 학교를 만들자고 합니다. 어떤 이들은 노동자, 농민들의 어려움을 먼저 해결해야 한다고 합니다. 그리고 총을 들고 싸워야 한다고 생각하는 이들도 있습니다. 이렇게 서로 다른 생각으로 흩어져서 싸우던 단체들이 더욱 강한 힘으로 일본과 싸워 보자는 뜻으로 모이게 되었습니다.

🙋 근우회가 만들어지기 전에도 여성 단체가 많이 있었잖아요. 근우회는 예전의 여성 단체와 어떤 점이 다른가요?

근우회 대변인 앞에서 말한 것처럼 생각이 다른 여성들이 모두 모여서 만든 조직입니다. 이렇게 생각이 다른 이들이 한자리에 모이는 일은 쉽지 않지요. 회원이 6천 명이나 돼요. 서울뿐만 아니라 지방에도 조직을 만들었고요. 또 조국의 독립뿐 아니라 여성의 권리도 내세우고 있습니다.

🙋 여성들을 위해 어떤 일을 했나요?

근우회 대변인 비슷한 일을 하는데도 여성이라고 돈을 적게 주면 안 되잖아요. 그리고 직장에 다니는 여성이 아기를 낳으면 집에서 얼마 동안 쉬어야 하는데 현실에서는 그렇게 할 수 없었어요. 이런 여성 문제도 해결하자고 주장했습니다. 한글을 읽고 쓰지 못하는 여성들을 가르치기 위해 야학을 만들고,

근우회 창립 총회 1927년 5월 근우회 모임을 처음으로 꾸렸어요. 근우회는 '무궁화 자매 모임'이라는 뜻이란다.

근우회 회보 첫 호의 표지 근우회의 활동을 알리기 위해 《근우》라는 잡지를 만들었어.

성차별을 없애자는 내용으로 강연회나 토론회도 열었어요. 그리고 여학생들이 독립을 위해 활동할 때 열심히 지원했습니다.

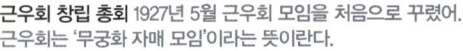 가장 기억에 남는 일이 무엇인가요?

근우회 대변인 1929년에는 광주 학생 항일 운동이 일어났어요. 광주에서 일본 학생들이 우리 여학생을 괴롭혀서 조선 학생들이 참을 수 없어 싸움이 시작되었어요. 이를 계기로 전국으로 학생 운동이 일어났답니다. 3·1 운동 뒤에 가장 크게 일어난 독립운동이었지요. 이때 근우회도 열심히 학생들을 도왔죠.

여러 가지 이야기를 해 주셔서 고맙습니다. 우리 여성의 역사에서 근우회가 매우 중요한 역할을 했다는 것을 알았습니다.

을사조약에 분노한 여성들, 일본을 도왔던 여성들

1905년 대한 제국의 다섯 대신들은 외교권을 일본에 넘긴다는 조약에 서명했어. 조약의 정식 이름은 없고, 보통 을사년에 맺어졌다고 해서 을사조약이라고 해. 사람들은 조약에 서명한 다섯 대신들을 나라의 적이라는 뜻으로 '을사오적'이라고 했지.

사람들은 나라 뺏긴 분노를 서슴없이 드러내며 을사오적을 꾸짖었어. 을사오적의 한 사람인 이근택이 "조약을 찬성하여, 평생토록 잘살겠다."고 부인에게 하는 말을 듣고는 부엌에 있던 하녀가 "이근택아, 너는 참으로 개돼지만도 못하구나. 내 비록 천인이로되 어찌 개돼지의 종이 되고 싶겠느냐." 하며 그 집을 뛰쳐나왔다는구나.

을사오적의 한 사람 이지용은 진주 기생 산홍을 돈을 주고 첩으로 삼으려 했대. 그러자 산홍은 "세상이 대감을 오적의 우두머리라고 하는데 내가 비록 천한 기생이지만 어찌 역적의 첩이 되리오. 기생에게 줄 돈이 있으면 나라 위해 피 흘리는 젊은이에게 주시오."라고 말했단다.

반면에, '전쟁터에 아들과 딸을 보내자.', '일본을 위해 물자를 모으자.'고 부추기는 사람들도 있었지. 이들을 친일파라고 해. 유명한 사람 가운데에도 친일파가 많았단다.

몇몇 여성들도 일제의 침략 정책을 좋은 것이라고 선전하면서 앞장서서 전쟁에 참여하자고 했지. 이화 여전 교장 김활란은 "이제야 기다리고 기다리던 징병제라는 커다란 감격이 왔다. ……우리에게도 국민으로서 책임을 다할 기회가 왔고, 그 책임을 다함으로 진정한 황국신민으로 영광을 누리게 될 것이다."라고 말했어. 또 성신 여학교 교장 이숙종은 "조선에도 징병령이 실시되었는데 너무도 기다리던 일이라 그 감격을 이루 헤아릴 수 없으며 군국의 여성을 길러 낼 조선 교육계의 책임이 큰 것은 물론이나 나로서도 교육자란 입장에서 그 책임과 함께 광영을 느꼈습니다."라고 했단다.

'사슴'이란 시로 유명한 노천명은 "이 영광의 날 나도 사나이였다면 귀한 부르심을 입었을 것을……"이라고 여성이기 때문에 일본을 위해 전쟁터에 나가지 못하는 것이 억울하다는 글을 썼어.

"우리 앞에 사죄하라!"

일본은 조선을 식민지로 삼은 데 만족하지 않고 더 넓은 땅을 차지할 속셈으로 중국에 눈을 돌렸어. 1937년 중일 전쟁을 일으켰지. 전쟁은 쉽게 끝나지 않았고, 곧이어 일본은 1941년에 미국 하와이의 진주만을 습격해 태평양 전쟁을 일으켰어.

일본이 벌인 전쟁으로 우리는 엄청난 피해를 입었어. 일제는 전쟁에 필요한 물자를 얻기 위해 우리나라에서 쇠숟가락까지 닥치는 대로 거둬 갔고, 사람이 필요한 곳이면 어디든지 조선 사람을 강제로 끌고 갔어. 남성들은 군인이나 탄광 노동자로 끌려갔고 여성들도 예외는 아니었지.

여학생이든 부인이든 상관없이 여성들은 군복이나 전쟁에 필요한 물자를 만드는 곳에서 일해야 했어. 1944년부터는 열두 살에서 마흔 살까지의 여성들을 '근로 정신대'라는 이름으로 강제로 끌고 가 전쟁 물자를 만들게 했어. 정신대는 군대처럼 만든 조직인데 많은 여성들이 일본에 있는 공장에 끌려가 일했지. 하지만 이 일뿐만이 아니야. 우리나라 여성들을 강제로 끌고 가 일본군의 위안부로 만들었어. 공장에 취직시켜 주겠다거나 간호사로 가자고 속여서 데려가기도 했고, 경찰에게 붙들려 강제로 간 여성도 있었어. 근로 정신대로 공장에 끌려갔다가 위안부가 된 여성도 있었어. 이들은 만주, 중국, 필리핀, 오키나와 같은 일본군이 가는 전쟁터마다 끌려다녔단다.

일본군 위안부 군인만 웃고 있고 여성들은 모두 지쳐 있어. 아이를 가진 여성도 있구나.

일본군 위안부가 있었다는 사실은 전쟁 후에도 오랫동안 감춰져 있었어. 1990년에 이르러서야 여성 단체들이 일본군 위안부가 있었다는 사실을 밝혔고, 1991년 김학순 할머니가 자신이 일본군 위안부였다고 처음으로 용기 내어 말하면서 비로소 널리 알려지게 되었어. 그 뒤 많은 여성들이 일본군 위안부였다고 증언하기 시작했고 우리들은 그 숨겨진 역사를 알게 되었어. 김학순 할머니의 말을 들어 볼까?

나는 1924년 10월에 태어났습니다. 아버지는 독립운동을 하셨기 때문에 조선에서 살 수 없어 만주로 이사했습니다. 그곳에서 아버지는 어머니를 만나 결혼하고 나를 낳았습니다. 그런데 아버지가 일찍 돌아가셨습니다. 어머니는 만주 땅에서 혼자 살 수 없어서 내가 세 살 때 나를 업고 아버지의 고향인 평양으로 돌아왔습니다.
나는 어머니가 원해서 평양 기생 학교에 들어갔습니다. 이 학교를 졸업하던 해 나보다

한 살 위인 여성과 함께 중국 땅에 가게 되었습니다. 그런데 중국에 가자마자 일본군에게 붙잡히고 말았습니다.

우리들에게 일본식 이름을 지어 줬는데 제 이름은 '아이코'였습니다. '위안소'는 커다란 방에 커튼으로 칸막이를 해 놓았습니다. 견디기 어려워 두 번이나 도망치려 했지만 붙잡혔습니다. 최전선 지역이기 때문에 도저히 도망갈 길이 없었습니다.

나는 지금도 집에서 혼자 가만히 앉아 있으면 가끔 옛날 생각이 나곤 합니다. 신문에서 '위안부'에 관한 기사를 보고 얼마나 울었는지 모릅니다.

나는 일본 정부가 우리에게 보상하고, 우리가 강요에 못 이겨 했던 그 일을 역사에 남

'우리 앞에 사죄하라!' 이 그림을 그린 강덕경 할머니는 1929년 경상남도 진주에서 태어났어. 학교에 다닐 때 일본인 담임 교사가 권해서 근로 정신대가 되었다고 해. 일본으로 건너간 할머니는 고된 일을 견딜 수 없어서 도망가다가 잡혀 위안소로 가게 되었어. 위안소에서 임신을 했고 해방 뒤 아이를 낳았지만 아이는 네 살에 세상을 떠났지. 강덕경 할머니는 나눔의 집에서 살기 시작한 뒤, 자신이 겪은 일과 생각을 그림으로 그리고, 수요 집회, 증언 활동 들을 열심히 했어. 1997년 2월 폐암으로 돌아가셨단다. '나눔의 집'은 일본군 위안부 할머니들이 함께 살고 있는 곳으로, 경기도 광주시 퇴촌에 있어. 이 그림은 《일본군 '성 노예' 피해 할머니 작품집》에 실렸단다.

겨 두어야 한다고 생각합니다. 오늘날 일본이나 한국의 젊은이들은 그런 역사적 사실을 모르고 있기 때문에 꼭 알려 주어야 한다고 생각합니다. 그래야 그런 비참한 일들이 다시는 일어나지 않을 테니까요.

김학순 할머니는 일본이 위안부 문제에 대해 거짓말을 하면서 한마디도 사과하지 않는 것을 보고 도저히 참을 수가 없었다는구나. 그래서 자신의 아픈 과거를 떳떳하게 밝히고 이 일이 개인의 문제가 아니라 일본이 저지른 전쟁 범죄라고 분명하게 말한 거야.

하지만 김학순 할머니를 비롯해 일본군 위안부였던 할머니들이 한 분 한 분 돌아가시고 있는데도 일본은 여전히 사과를 하지 않고 있구나. 지금도 매주 수요일이면 서울에 있는 일본 대사관 앞에서 일본의 사과를 요구하는 집회가 열리고 있어.

4_짧은 해방과 긴 전쟁을 이겨 낸 여성들

우리가 알고 있는 전쟁 이야기는 대부분 전쟁터에서 싸우는 이야기야. 그렇지만 전쟁 동안에도 아이들은 태어나고, 사람들은 일을 하고 농사도 지었어. 일할 만한 남성들은 대부분 전쟁터에 나가다 보니 그 일은 여성들 몫이었지. 지금은 할머니가 된 그 여성들이 어떻게 전쟁을 겪으며 살아남았는지 엄마가 직접 들은 이야기를 전해 줄게.

　1939년 일본을 비롯한 제국주의 나라들이 2차 세계 대전을 일으켰어. 전쟁은 1945년 8월, 미국이 일본 히로시마와 나가사키에 원자 폭탄을 떨어뜨리면서 끝이 났단다. 더 이상 싸울 힘을 잃은 일본이 항복을 했어. 우리나라도 해방이 되었지.
　곧 새로운 세상을 이룰 수 있을 것 같았어. 하지만 해방의 기쁨은 잠깐이었어. 남쪽에는 미군이, 북쪽에는 소련군이 들어와 나랏일에 간섭했지. 끊임없는 갈등을 겪다가 6·25 전쟁이 일어나고 말았어.
　자, 어려운 때를 헤쳐 간 여성들을 만나 보자.

여성에게도 선거권을 달라

　해방이 되자 새로운 나라를 세우기 위해 사람들은 바쁘게 움직였어. 1946년 12월 선거를 했는데 여성들은 '여성에게도 선거권을 달라.'

고 요구했지. 왜냐하면 선거를 할 수 있는 사람을 '만 20세가 넘는 세대주'라고 정했기 때문이야. 그때 세대주는 모두 남자였거든.

1948년 3월 17일 1대 국회 의원 선거를 위해 법이 만들어졌어. 이때 여성에게도 남성과 똑같이 선거권과 선거에 출마할 자격(피선거권)을 주었어. 다시 말해 여성 참정권을 법으로 인정한 거야. 이를 두고 어떤 사람들은 아무 노력도 없이 복이 굴러들어 왔다고 했어. 왜냐하면 유럽 여성들은 참정권을 얻기 위해 19세기 내내 백 년 넘게 싸웠거든. 우리나라에서는 해방되고 3년 남짓 만에 여성들의 참정권을 인정했으니 그런 말이 나올 만도 해.

하지만 우리나라 여성들이 가만히 앉아서 참정권을 얻었다고 할 수는 없어. 많은 여성들이 남성들과 마찬가지로 독립운동을 했고 해방

투표하는 여성들 해방 뒤 여성들은 처음으로 투표를 했어.

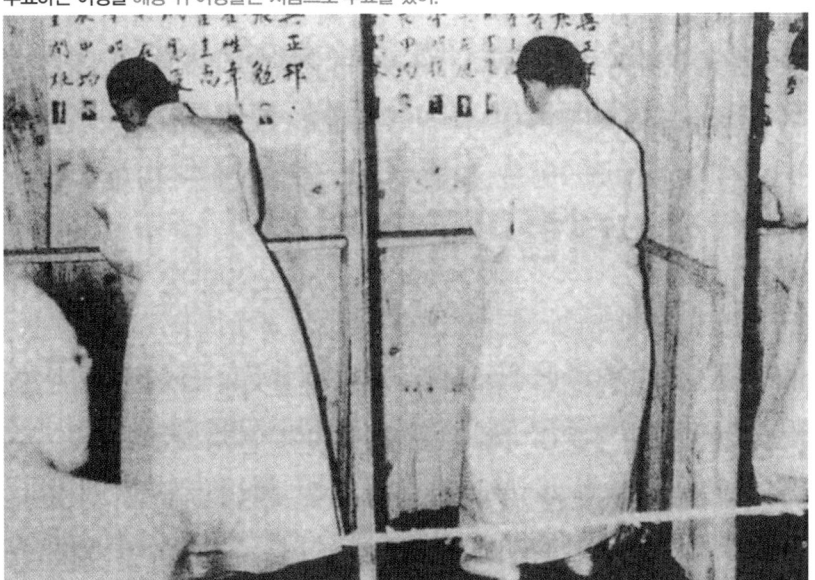

뒤에도 열심히 일했어. 여성 참정권은 그 결과로 얻은 거야.

1948년 5월 10일, 첫 번째 국회 의원 선거를 치르면서 여성들은 처음으로 투표할 수 있는 권리를 쓸 수 있었어. 물론 국회 의원 후보로 나선 여성들도 있었고. 하지만 선거가 무엇인지도 모르는 여성들이 많았어. 그때 여성 단체들이 내세운 구호를 들어 볼래?

"새 나라 건설에 여성도 한몫을 담당해야 한다."

"총선거는 여성을 부른다."

"나라를 세우는 한 표, 여성은 여성에게!"

국회 의원 후보로 나온 여성은 모두 18명이었어. 여성들이 선거에 참

여자 경찰의 탄생

해방이 되고 얼마 지나지 않았을 때 일이야. 어떤 아이가 길을 가다가 너무 오줌이 마려워서 골목길 담벼락에 오줌을 누었어. 그러자 자주색 투피스를 입은 여성이 다가와 그러지 말라고 따끔하게 혼을 냈단다. 이 사람은 여자 경찰관이었어.

처음에는 25세가 넘은 결혼한 여성들 가운데서 여자 경찰을 뽑았어. 이들이 지나갈 때면 사람들은 신기한 듯 한마디씩 했어.

"여자들이 무슨 양복 차림이람!"

"여자 우편 배달부인가 봐!"

1947년 2월에는 서울, 인천, 대구, 부산에 여자 경찰들만 일하는 여자 경찰서를 세우기도 했어. 서장도 여성이었고, 경찰차를 운전하는 사람도 여성이었어.

여자 경찰들은 여성이나 청소년 범죄와 관계 있는 일을 했어. 또 교통정리나 남자 경찰관을 돕기도 했지. 글 모르는 여성들에게 글을 가르치고 힘든 일에 부닥친 여성들을 보호하는 일도 여자 경찰관의 몫이었어.

처음에는 일 못한다고 무시당하기도 하고, 한때 여자 경찰은 필요 없다고 없애려고도 했지만, 현재 많은 여성들이 경찰로 일하고 있어.

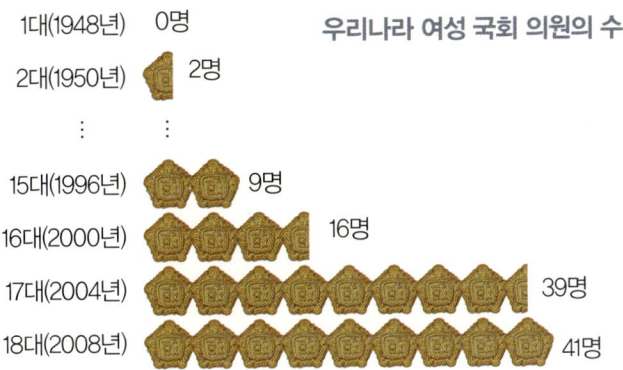

여하는 것을 드러내 놓고 반대하는 사람은 없었으나 단 한 사람도 국회 의원으로 당선되지 못했단다. 그 까닭을 어떤 이는 여성에게 국회 의원이 될 능력이 없기 때문이라고 했어. 또 여성조차 여성에게 투표하지 않았다고 비꼬기는 사람도 있었지. 여성들은 처음으로 선거를 치르면서 중요한 사실을 알게 됐어. 단순히 참정권이 생겼다고 해서 여성이 국회 의원이 될 수는 없다는 거야.

 2대 국회 의원 선거에서는 여성 두 사람이 당선되었어. 지금도 국회 의원 가운데 여성은 적은 수야. 2008년의 18대 국회 의원 선거 때에는 당선자 299명 가운데 여성이 41명이야. 남성과 견주어서 턱없이 모자라기 때문에 국회에서 여성들이 제 목소리를 내는 일이 아직은 힘들어. 하지만 희준이가 어른이 되었을 때는 우리나라에서 여성 대통령이 나올지도 모르지.

전쟁으로 폐허가 된 서울 사진은 지금의 광화문 근처란다. 폐허가 된 곳에서 여성들이 쓸 만한 물건을 찾고 있어.

할머니의 전쟁 이야기

해방의 기쁨은 너무 짧았어. 1950년 6월 25일 전쟁이 시작된 거야.

전쟁의 가장 큰 피해자는 평범한 사람들이었단다. 우리가 알고 있는 전쟁 이야기는 대부분 전쟁터에서 싸우는 군인들의 이야기야. 그렇지만 전쟁 동안에도 아이들은 태어나고, 사람들은 일을 하고 농사도 지었어. 일할 만한 남성들이 대부분 전쟁터에 나가다 보니 그 일은 여성들 몫이었지. 지금은 할머니가 된 그 여성들이 어떻게 전쟁을 겪으며 살아남았는지 엄마가 직접 들은 이야기를 전해 줄게.

조금영 할머니(79세) 애기 뱄을 때가 스물한 살 때였는데, 전쟁이 났어요. 남편이 군인인데 그때. 전쟁 날 때 충주에서 살았어요. 남편은 부대로 가고 나만 혼자 남아 있었는데 빨리 오라는 거예요. 맨몸에 입은 그대로 고만 부대로 뛰어가니깐 쓰러쿠(트럭)에 태워요. 당시에 비가 계속해서 왔어요. 쓰러쿠를 타고 나흘 동안 가니 마산이었는데. 그동안에 하루 몇 개씩 건빵만 주고……. 애 가지고 3개월째 되니깐 입덧이 심해서 건빵도 못 먹고, 속에 있는 그대로 전부 다 토해 내고마 사람이 막 반쯤 죽었어요. 인제 애기가 만삭이 돼 가지고 배가 굉장히 불렀어요.

한 1미터 앞에 총알이 날러와요. 내보고 쐈는데. 그래도 그거 내보고 쐈는지도 모르고 그냥 걸었어요. 마산에서 시댁이 있는 통영까지 혼자서 걸어간 거

미용 기술을 배우고 있는 여성들 전쟁으로 남편을 잃은 여성들을 모아 미용 기술을 가르치기도 했어. 그나마 이런 기술을 배울 수 있는 사람은 아주 적었단다.

예요. 그때 정신이 반쯤 나갔어요. 그래 가지고 혼자서 아비 없는 딸을 낳았어요.

유남희 할머니(83세) 대구 팔십 리를 아침에 통근차로 가 가지고 저녁 통근차로 올라오고……. 저고리 같은 것도 그리 해 가지고, 한 보따리 띠(떼어) 가지고 통근차로 올라와요. 시골은 그때만 해도요 쌀 주면 쌀 받고, 보리 주면 보리 받고, 나락 주면 나락 받고. 그런 것도 주면 팔 욕심에 그걸 내가 다 받았어요. 받아 가지고 다 이고 오는데 한 보따리씩 이면 무거버 가지고…….

여성 행상 전쟁으로 어려워진 여성들이 장사에 나섰어.

윤원선 할머니(80세) 나 거기서 농사짓고. 그러니까 안 해 본 일이 없지. 진짜 쟁기질만 안 해 봤어. 논매야지, 물 품어야지, 모 심으러 다녀야지, 논 훔치러(김매러) 다녀야지, 밭일해야지. 산에 다니면서 하도 나무를 해서 지금 내가 산을 안 가요. 산이 징그러워.

정영기 할머니(80세) 새벽 세 시 반에 나가야 돼. 채취해 가지고(나물해서) 차에께징 실어다 주고, 서울에 보내고, 그 밑에 찌끄래기 남잖아. 미나리고 시금치고 그거를 인자, 보자기 가지고 가서 줍는 거야. 줏어 가지고 집에 와서 씻거 가지고 삶아 가지고 오후에 저녁 시장 보러 나오는 사람한테 파는 거야. 팔면은 그 돈이 꽤 되는 거야. 나물 줏어 가 파는 게 그기 그래도 돈이 어느 정도 모이더라고.

2006년에 엄마가 할머니들을 찾아가 취재한 기록이란다. 할머니들 이야기를 들어 보니 총알이 빗발치는 곳만 전쟁터가 아니라는 걸 알 수 있었어. 하루하루 먹고살기 위해 일하는 곳도 전쟁터나 다름없구나.

전쟁 속에서 어린이들은 어떻게 살았을까?

아침밥을 먹고 막 그릇을 치우는데, 장골 할머니가 찾아왔다.
"몽실아. 너한테 긴한 말이 있어서 왔다. 너 식모살이 가겠니?"
……몽실은 하루 종일 난남이를 데리고 최 씨네 집을 보는 게 일이었다. 최 씨 부부는 읍내 시장에서 신발 가게를 열어 놓고 함께 일을 보고 있었다.
……저녁때 몽실은 난남이를 업고 시장엘 나갔다. 아침에 최 씨 집 아주머니가 일러준 대로 찬거리를 샀다. 콩나물이나 두부 같은 값싼 찬거리였다. –《몽실언니》, 권정생, 창비

이 이야기에 나오는 몽실이는 어린 시절 6·25 전쟁을 겪으면서 동생 난남이를 데리고 읍내 최 씨네 집에서 식모살이를 하며 살아. 어머니는 다른 사람과 결혼해서 살고 있고, 아버지는 전쟁 때 군인이 되어 전쟁터에 갔기 때문이야. 몽실이는 열 살 때부터 남의 집에서 장보기, 부엌살림, 청소, 빨래 같은 일을 하면서 십 대를 보냈단다.

몽실이처럼 식모살이로 어려운 시절을 이겨 낸 이야기는 우리 둘레에서 흔히 들을 수 있단다. 전쟁 통에 아버지를 잃은 가난한 집안의 딸들이나 전쟁고아, 당장 먹고살기 어려워진 여성들은 일자리를 찾아야 했거든. 식모는 제대로 월급을 받으면서 일하는 경우가 드물었어. 먹고 자는 것만 해결하는 정도였지.

여자아이들이 식모살이를 했다면 남자아이들은 구두를 닦거나 신문을 팔며 먹고살았어. 구두닦이 소년들은 대부분 전쟁고아들이었어. 전쟁고아는 10만 명쯤 됐는데 이들은 따뜻한 잠자리도 없이 손바닥만

한 방에 이불 하나로 일고여덟 명이 쪼그리고 자며 지냈대. 그때 구두
닦이 소년들 이야기를 담은 노래가 유행했는데 한번 들어 볼래?

슈샤인 슈샨보이 슈샤인 슈샨보이

슈슈슈슈 슈샤인 보이 슈슈슈슈 슈샤인보이(헬로 슈샤인 슈샤인)

구두를 닦으세요 구두를 닦으세요 구두를 닦으세요

아무리 취직 못 해 인색하여도

피난촌 군용 천막을 뜯어다 천막을 치고 살았어. 어린이가 동생을 업고 걸어가고 있어.

구두 하나 못 닦아 신는 도련님은요 어여쁜 아가씨는 멋쟁이 아가씨는
노노노 노노 노굿이래요 -'슈사인 보이'. 이서구 작사, 박단마 노래, 1947년

해방이 되고 미군이 들어온 뒤 미국의 음악이나 문화가 밀려들어 오면서 영어를 섞어 쓰는 게 유행이었는데 그 영향으로 노래 제목을 영어로 썼다는구나. 이 노래 말고도 '아리조나 카우보이', '럭키 모닝'처럼 제목을 영어로 쓴 노래들이 많아.

지금은 몽실이도 할머니가 되었겠지.《몽실언니》는 동화이지만 어렸을 때부터 먹고살기 위해 일을 해야 했던 우리 할머니와 할아버지들이 실제 겪었던 이야기이기도 해.

'몸뻬'를 입지 않은 여성은 들어오지 마세요

전쟁을 치르면서 여성들 옷차림도 달라졌어.

동사무소 앞에 '몸뻬를 입지 않은 여성은 들어오지 마세요.'라고 쓰여 있기도 했어. 몸뻬는 허리와 발목에 고무줄을 넣어 일하기 편하게 만든 바지로 일 바지라고도 해. 왜 몸뻬를 입지 않으면 동사무소에 들어오지 말라고 했을까? 여성들의 사치를 막는다고 몸뻬를 입으라고 한 거야. 그런데 가만히 생각해 부렴. 전쟁 통에 사치를 하는 여성들이 몇이나 있었을까? 먹고살기도 힘들었을 텐데. 어찌 보면 나라에서 국민들 옷차림까지 간섭하려고 했던 것 같아.

그리고 전쟁 때 다른 나라에서 구호물자를 보내왔는데 거기에 양장이 많이 섞여 들어왔어. 입을 옷이 없으니까 몸에 맞든 안 맞든 상관없이 입었지. 그래서 이때 양장한 여성들이 눈에 띄게 많아졌단다.

몸뻬 '몸뻬'에 윗도리는 저고리를 입었네. 일제 시대에 여성들이 처음 몸뻬를 입으면서 바지를 입었어.

군복을 고쳐서 만든 저고리

또 사람들은 질겨서 오래 입을 수 있는 옷을 좋아했어. 바로 나일론으로 만든 옷이야. 나일론은 질기고 가벼워 젊은 여성들의 블라우스는 물론 속옷을 만드는 데도 두루 쓰였단다. 그 가운데는 낙하산 천으로 만든 블라우스도 있었는데 여성들이 아주 좋아했대. 이때 최고 멋쟁이는 낙하산 천으로 만든 블라우스에 몸에 꼭 맞는 치마를 입고, 핸드백과 양산을 들고, 구두를 신은 여성이었어.

남성들은 대부분 군복이나 구호물자로 들어온

낙하산 천으로 만든 블라우스

옷들을 입었단다. 이 옷들을 염색하는 전문 염색 가게가 서울 청계천에 많았어. 드럼통에 물감을 끓여서 국방색으로 군복을 물들이는 곳이 즐비했어. 방파제로 쌓아 놓은 돌 위에 염색한 옷을 말리는 광경은 청계천에서 흔히 볼 수 있는 풍경이었단다.

1950년대 외국에서 들어온 구호물자는 여성의 옷을 한복에서 양장으로 변화시키는 데 한몫했단다.

5_착한 여자, 씩씩한 남자

영희가 철수와 나란히 교과서 표지 인물이 되기는 했지만 그 속에도 차별은 남아 있었어. 영희는 철수가 하는 일을 옆에서 지켜보거나 도와주기만 하는 거야. 체육 시간에도 철수는 열심히 뛰고 있는데 영희는 반환 깃대를 잡고 있지. 여성은 조용하고 다소곳해야 아름답고, 남자는 씩씩하고 용감해야 한다는 생각에 따른 거야.

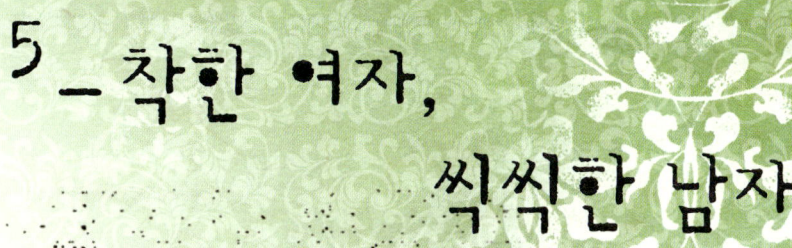

엄마와 아빠는 1970년대에 학교를 다녔어. 엄마는 좋은 어머니이며 착한 아내로 알려진 신사임당을 본받으라고 배웠어. 아빠는 국가에 충성한 이순신 장군을 닮으라고 배웠다는구나. 왜 학교에서 여성에게는 신사임당을, 남성에게는 이순신을 닮으라고 가르쳤을까? 희준이도 한번 생각하며 읽어 보렴.

철수와 영희

엄마가 초등학교 다닐 때 배웠던 교과서에는 늘 '철수'와 '영희'가 나왔어. 동그스름한 얼굴에 학생 모자를 눌러쓴 철수와 머리에 나비 리본을 단 영희, 그리고 두 사람을 따라다니는 바둑이도 있었고.

철수와 영희가 처음 등장한 교과서는 1948년 대한민국이 세워진 뒤 첫 번째로 만든 국어 교과서였대. 그 뒤 철수와 영희는 교과서 표지

1960년대 '국민학교' 교과서 표지마다 철수와 영희가 나란히 등장해.

인물로 등장했단다. 왜 교과서 표지에 남자 어린이와 여자 어린이를 나란히 등장시켰을까?

대한민국 헌법 제16조는 일정한 나이가 되면 반드시 교육을 받아야 한다는 '의무 교육'을 기본 원칙으로 정했어. 여성이든 남성이든 차별 없이 교육을 받을 권리가 있다고 선언한 거야. 교과서 표지에 철수와 영희를 나란히 그린 것도 그런 헌법 정신에 따른 거지.

영희가 철수와 나란히 교과서 표지 인물이 되었지만 교과서 속에서는 여전히 차별이 남아 있었어. 교과서 속 그림들을 보면 영희는 철수가 하는 일을 옆에서 지켜보거나 도와주기만 해. 체육 시간에도 철수는 열심히 뛰고 있는데 영희는 반환 깃대를 잡고 있지. 교과서 속 그림

은 여성은 조용하고 다소곳해야 하고, 남자는 씩씩하고 용감해야 한다는 생각에 따른 거야.

여학생들은 좋은 어머니와 착한 아내가 되는 일이 인생의 목표라고 생각했고 선생님들도 그렇게 가르쳤단다. 중학생, 고등학생이 되어도 바뀌지 않았지.

만약 교과서 속 '철수와 영희'가 어른이 된다면 어떤 모습일까? 아마도 철수는 '가장'이 되고, 영희는 '주부'가 되었을 거야. 예전에는 주부라는 말을 쓰지 않았어. 가정주부라는 말은 핵가족이 등장하면서 생겼거든. 가족 안에서 여성은 집안일을 하는 사람으로, 남성은 바깥일을 하는 사람으로 나눈 거란다.

그런데 문제는 여성은 돈을 쓰기만 하는 소비자라고 생각하게 된 거야. 여성이 하는 집안일은 그 가치를 인정받지 못했어.

보이지 않는 일, 가사 노동

사람은 누구나 가정에서 먹고 자며 생명을 이어 가고 다음 날 일할 수 있는 힘을 얻어. 이렇게 식구들이 건강하게 일할 수 있게 가정 안에서 돌봐 주는 모든 일을 가사 노동이라고 해. 먼저 일하는 엄마들이 하루를 어떻게 지내는지 들어 볼까?

소영 엄마

아침 준비를 하려면 6시에 일어나요. 남편이 밥을 먹고 나가면 아이들과 함께 아침을 먹어요. 8시 15분쯤 아이들이 학교에 가면 설거지를 하고 아이들이 학교 갔다 와서 먹을 수 있게 간단한 간식을 준비해 둬요. 나도 10시까지 일하는 곳에 가기 때문에 아침에는 정신없죠. 나는 10시부터 저녁 7시까지 가게에서 일해요. 저녁 7시 지나 집에 돌아와서는 저녁을 준비해요. 아이들이 배고플 테니 가능하면 빨리합니다. 8시나 8시 30분쯤 저녁을 먹어요. 간단하게 먹은 것을 정리하고 집 안 청소를 하면 잘 시간이에요. 쉬는 날에는 빨래를 하고 밑반찬을 미리미리 해 놓습니다.

선우 엄마

나는 남편이 저녁에 일을 해서 아침 준비는 다른 엄마들보다 조금 늦게 합니다. 6시 반이나 7시쯤 일어나 아이들 학교 갈 준비를 하고 아침 준비를 해요. 빵이나 볶음밥 또는 저녁에 미리 준비한 음식을 데워 먹기도 합니다. 아이들이 학교에 가면 창문을 열어 놓고 청소를 해요. 청소가 끝나면 여기저기 벗어 놓은 아이들 옷을 정리하고 빨래를 합니다. 10시 반이나 11시쯤이면 집안일이 대충 끝나요. 차를 끓여 먹고 잠시 쉬죠. 어떤 때는 집안일을 좀 늦게 시작하고 아침 드라마를 보기도 해요. 점심을 간단하게 먹고 아이들 학교에 할 일이 있으면 다른 어머니들과 만나 학교에 가서 일을 해요. 그리고 저녁에 출근하는 남편 밥도 챙기고요. 서너 시 지나 아이들이 학교에서 돌아오면 아이들에게 간식을 만들어 줘요. 그다음에는 저녁을 준비하러 시장 가서 찬거리를 사 와요. 저녁을 먹고 설거지한 뒤에 아이들 숙제를 확인하고 준비물을 챙깁니다.

직장을 다니든, 전업주부든 엄마들은 누구나 가사 노동을 하고 있지. 가사 노동은 생명을 이어 가는 노동이지만 지금까지 그 소중함을 제대로 인정하지 않고 있어. 왜 가사 노동을 소중하게 생각하지 않았을까?

집안을 돌보는 일은 밖에서 돈을 버는 일보다 훨씬 쉽다고 생각했어. 정말로 그럴까?

먼저 밥하는 것부터 생각해 보자. 우리가 먹을 때는 날마다 반찬이 거의 비슷하다고 투정을 부리지만 밥상을 차리기 위해 날마다, 계절마다 여성들은 고민을 하지. 한 달 수입을 생각해서 반찬값도 계산을 해야 되고, 영양가도 따져야 해. 학교에 있는 영양사를 생각해 봐. 영양사들은 하는 일의 전문성을 인정받고 월급도 받아. 그런데 집 안에서 일하는 여성들은 전문성이 있다고 이야기하지 않잖아. '날마다 하는 일인데 뭐가 어려워.' 하고 생각하지. 사실 영양사들도 날마다 똑같은 일을 하고, 의사들도 날마다 똑같은 일을 해. 하지만 그 일들은 하찮게 여기지 않아.

밥을 하고 빨래하는 것 말고도 여성들이 하는 일이 있어. 식구들을 돌보는 일이야. 때로는 나이 들고 병든 부모님을 모시는 일까지 해. 직접 몸을 움직여 일하는 것 말고 사람을 돌보면서 마음을 쓰는 일은 돈으로도 계산할 수 없지.

몸을 움직여서 하는 일과 마음을 써서 하는 일까지 모두 돈으로 계산한다면 전업주부들은 돈을 많이 버는 사람에 속할 거야. 그런데 현실은 그렇지 못해. 법원에서는 일용직 노동자의 하루 품값을 기준으로 해서 하루 가사 노동을 6만 6천 원쯤으로 계산하더구나. 이렇게 생각해 봐. 6만 6천 원을 주고 엄마를, 아내를 대신할 수 있는 사람을 구할 수 있을까?

어머니날에서 어버이날로

희준이는 어떤 기념일을 가장 기다리니? 생일, 어린이날? 그래, 초콜릿을 주며 사랑을 고백하는 날도 있지. 그럼, '어버이날'이 왜 생겼는지 생각해 본 적 있니? 묻고 답하는 놀이를 하면서 한번 알아볼까?

어머니날에 상을 받는 어머니 모범 어머니로 뽑힌 여성이 상을 받고 있어. 이날에는 어머니를 위로하는 위안 대회도 열었어.

● 어버이날은 언제 생겼나요?

1973년 5월 8일입니다.

● 왜 만들었어요?

그 시절 '조상에 감사를, 부모에 효도를, 어른에 존경을.'이란 표어를 만들어 사람들에게 효가 중요하다고 강조했습니다. 박정희 대통령은 "동양 사상의 근본은 충과 효다. 충은 국가에 대한 충성이고, 효는 부모를 잘 섬기는 것."이라고 말했습니다.

● 이전에는 어버이날이 없었나요?

있었습니다. 이름이 달랐어요. 어머니날이라고 했습니다.

● 어머니날은 언제 만들어졌죠?

1955년 8월 국무 회의에서 결정했습니다. 그래서 1956년 5월 8일 제1회 어머니날 행사를 치렀습니다.

● 왜 어머니날을 만들었죠?

전쟁으로 고아와 남편 없이 혼자 사는 여성들이 많이 생겼습니다. 그러다 보니 아이들을 기르고 먹여 살리는 일을 여성들이 도맡아야 했습니다. 어머니날 행사는 그런 어머니의 책임을 강조하기 위해 만들었습니다. 자식을 훌륭하게 기르는 게 여성이 할 일이라고 가르치기 위해서입니다.

● 이날에는 어떤 행사들을 했나요?

기념식, 어머니날 노래 알리기, 카네이션 달기 같은 행사를 하고 '장한 어머니'로 뽑힌 여성들에게 상장과 상품을 주었습니다.

● 장한 어머니요? 어떤 여성들이 장한 어머니인가요?

혼자서도 아이들 교육에 힘쓴 어머니, 전쟁 때 아들 셋 이상을 군에 보낸 어머니, 열 명이 넘는 아이를 낳은 어머니, 세(네) 쌍둥이를 낳고 기른 어머니, 널리 알려진 운동선수, 음악가, 고시 수석 합격자의 어머니, 여성 단체 간부, 고아원 원장 같은 여성들이었습니다.

어머니 가운데서도 자녀를 이름난 사람으로 키운 어머니를 가려서 상을 주었다니, 희준아, 만약에 어린이날에 나라에서 정한 기준에 따라 착한 어린이를 뽑아 상을 준다면 넌 어떤 기분이 들겠니? 어버이날, 어린이날은 서로 고마움을 표현하는 날이 되면 좋겠구나.

우량아 선발 대회

옛날에는 할머니나 동네의 나이 든 여성이 아이를 기르는 방법을 가르쳐 주었지. 그런데 서양 의학이 들어오면서 옛날의 양육법은 무시되었단다.

새로운 양육법은 전문가들이 만들어 놓은 일정한 표준에 맞춰 기르는 것이었어. 아이를 표준에 맞게 키우려면 젖을 먹이는 것보다 분유나 우유를 먹여야 한다고 했지. 이때 아이들은 유행처럼 엄마 젖 대신 분유를 먹었어.

표준에 맞춰 자란 아이들을 우량아라고 하고 우량아 선발 대회도 열었어. 우량아 선발 대회는 새로운 양육법이 가장 훌륭하다고 선전하는 수단이었단다.

옛날에는 집안 어른들이 아이를 함께 돌봐 주기도 했고, 마을 사람들이 봐 주는 게 자연스러운 일이었지. 그런데 부부 중심으로 살게 되면서는 엄마 한 사람이 아이를 기르는 일을 모두 책임져야 했어. 엄마의 책임이 커진 데다가 우량아 대회가 생기면서 우량아로 뽑히는 걸 자랑스럽게 여겨 경쟁을 하게 되었어. 아이의 나이에 따라 키와 몸무게, 가슴둘레, 머리 둘레 따위를 숫자로 정해 놓고 아이가 이 표준 수치에 못 미치면 엄마는 걱정을 했어. 죄지은 것처럼 부끄러워하기도 했지.

우량아 선발 대회가 계속되면서 주부들은 아이 기르는 일에 옛날보다 더 많은 시간과 노력을 기울이게 되었어.

우량아 우량아 선발 대회에서 뽑힌 아기들이야. 한 아이가 상품 위에 앉아 있구나.

미니스커트와 청바지

새마을 운동이 한창이었던 1970년대에는 정부가 남자와 여자가 입어야 할 옷을 정해 주었어. 이를 국민복이라고 했어. 하지만 젊은이들은 국민복에 만족하지 않았어. 젊은 여성들은 미니스커트와 핫팬츠, 청바지를 입고는 했지.

미니스커트는 1960년대 중반 한 여가수가 외국에서 돌아올 때 처음 입었다고 알려져 있어. 미니스커트는 금세 젊은 여성들 사이에서 유행했지. 그런데 풍속을 해친다며 경찰이 나서서 미니스커트를 단속했어. 경찰들이 자를 들고 다니며 미

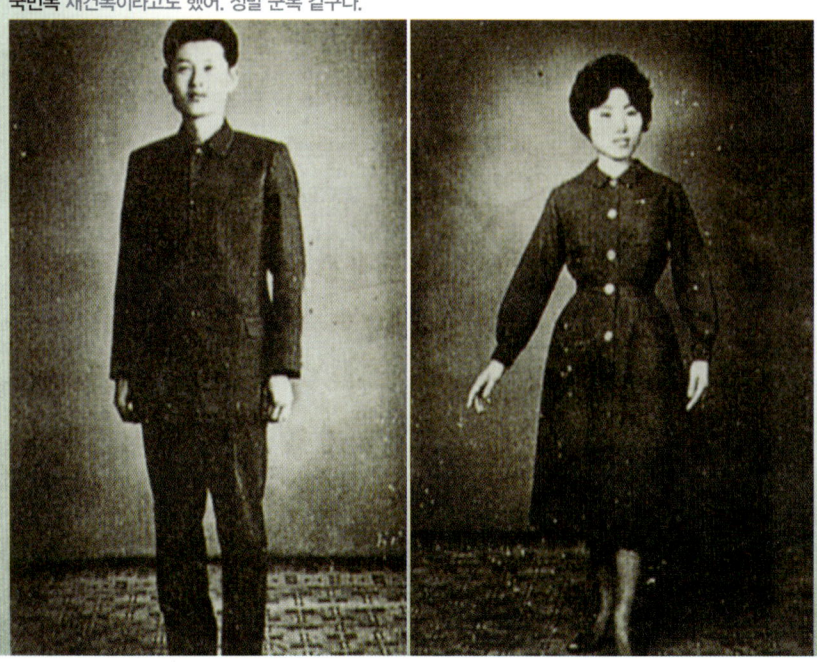

국민복 재건복이라고도 했어. 정말 군복 같구나.

니스커트를 입은 여성의 무릎에서부터 치마 끝까지의 길이를 재곤 했단다. 치마 길이가 짧으면 치맛단을 뜯어 버렸대. 아마 요즘 같으면 여성의 엉덩이 뒤에 쪼그리고 앉아 치마 길이를 재는 경찰관은 '성희롱'으로 고발될 거야.

청바지라 불리는 블루진은 1970년대 중반부터 유행했어. 블루진은 원래 작업복이었는데 나이나 성별을 가리지 않고 누구나 입을 수 있지.

청바지를 입은 여성은 '뻔뻔스럽다.'라는 말을 듣기도 했지만 청바지는 편하게 입을 수 있는 옷이었어. 그리고 어른들은 대부분 '치마 입고 얌전하게 다녀야 여성답다.'고 늘 말했으니 거기에 반발하기 위해서라도 청바지를 즐겨 입었던 거지.

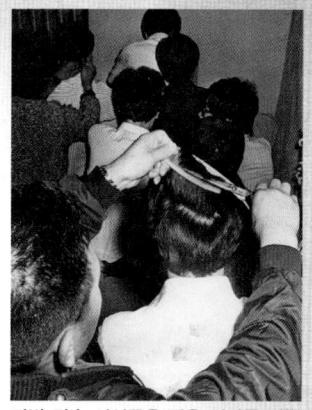

장발 단속 여성들은 짧은 치마를 마음 놓고 입지 못했고 남성들은 자기 마음대로 머리를 기를 수 없었어. 여기는 경찰서 대기실에 임시로 마련된 간이 이발소란다. '퇴폐풍조 단속'에 걸린 장발족이 가위질을 당하고 있어. 1971년 10월의 사진이야.

6_경제 성장과 여성의 역할

먹고 잠자는 돈을 빼고 나머지는 모두 고향에 보냈지. 그 돈은 동생들 학비도 되고, 형제들 장사 밑천도 되었어. 이모할머니도 형제들에게 도움을 많이 주었대.
독일로 간 간호사들이 번 돈은 나라 밖에서 돈벌이가 없던 우리나라 경제에 큰 도움이 되었단다.

우리나라는 1970년대에 들어서서 빠르게 경제가 성장했어. 외국 사람들은 한국의 경제 성장을 보고 '한강의 기적'이라며 놀라워했어. 우리가 빠르게 경제 성장을 이룬 바탕은 무엇일까?

가정을 위해, 나라를 위해 여성들이 어떤 일을 했는지 엄마와 할머니가 겪은 이야기를 먼저 들려줄게.

한 지붕 여덟 가족

수출이 늘어나고, 경제가 발전한다고 하는데 농촌은 살림이 점점 어려워졌어. 공업 중심으로 경제 발전 계획을 세웠기 때문이야. 농부들이 아무리 열심히 일해도 빚만 자꾸 늘어 갔지. 어쩔 수 없이 먹고살기 위해 농촌을 떠나 도시로 가는 농민이 늘어 갔단다.

엄마도 할머니를 따라 초등학교 3학년 때 서울로 올라왔어. 서울로 올라오는 기차에서 난생 처음 아이스크림을 먹었는데 아직도 그 달콤하고 신기했던 맛이 생각나. 우리 식구는 밤이 되어서야 서울역에 닿았어. 할머니를 따라 버스를 탔는데 거리는 온통 불빛으로 출렁였어.

농촌에서 올라온 사람들은 대부분 도시를 꿈과 희망을 가져다주는 곳으로 생각했을 거야. 하지만 일자리를 구하기도 힘들 뿐만 아니라 방 한 칸 찾기도 힘들었단다. 농촌에서 올라온 사람들은 돈이 없어 시내 중심지에 살 수 없었어. 조금이라도 싼 곳을 찾아 하천 둘레나 산등성이에 몰려들었지. 그곳에 천막집이나 판잣집을 짓고 살았어.

평화시장 다락방 작업장 1970년대 평화시장 봉제 공장이야. 창문 하나 없는 작업장이라 여성들은 폐렴 같은 병에 시달려야 했어.

엄마가 할머니를 따라 간 집은 제법 넓었는데 우리는 방 하나와 그 옆에 딸린 조그만 부엌을 썼어. 그 집에는 우리 식구 말고도 일곱 가족이 더 있었지. 여덟 가족이 하나밖에 없는 수도와 화장실을 같이 썼으니 아침마다 수돗가와 화장실은 전쟁터 같았어.

할아버지가 일해서 돈을 벌었지만 일곱 식구가 살기에는 턱없이 모자랐어. 할머니는 끊임없이 일거리를 찾았어. 인형 옷 만들기, 봉투 붙이기, 종이꽃 만들기, 스웨터 짜기 같은 일들을 했지. 하지만 이 일거리도 날마다 있는 게 아니었어. 여성들은 작은 회사에 취직하거나 막노동, 노점, 행상으로 살림을 꾸려야 했단다.

젊은 사람들이 도시로 나온 탓에 농촌에는 일할 사람이 없었어. 농촌 여성들은 농사일도 하고, 집안일도 했지. 또 틈이 나면 남의 집 일을 해 주고 품삯을 받거나 닭, 오리, 돼지를 길렀어. 손이 열 개라도 모자랄 지경이었지. 너무 일을 많이 해 농촌 여성 가운데 팔다리나 머리가 아프고 손발이 저리는 병에 걸리는 사람이 많았단다.

　나라에서는 허리띠 졸라매고 열심히 일하면 곧 잘살 수 있다고 하는데 보통 사람들은 여전히 하루하루 먹고사는 게 힘들었어. 나라 경제는 발전하는데 왜 골고루 잘살지 못했을까?

독일로 간 간호사

　독일에 계신 이모할머니께서 몇 달 전 한국에 오셨는데 한국에서 살려고 오셨대. 네가 다섯 살 때 이모할머니를 처음 만났지. 희준이는 이모할머니가 어떻게 해서 독일에서 살게 되었는지 궁금하다고 했지? 지금부터 이야기해 줄 테니 잘 들어 보렴.

　1966년 10월 15일 서베를린에 있는 템펠호프 공항에 한국인 간호사 1,126명이 도착했어. 이때부터 우리나라 여성 간호사들이 독일에 갔는데 1973년에는 한 해 동안 6,124명이나 갔어. 이모할머니도 이즈음 간호사가 되어 독일에 가셨지.

　그때는 우리나라에도 간호사들이 많이 모자랐대. 그런데 왜 많은 간호사들이 독일에 갔을까?

　1960년대 우리나라는 공장을 세우고 도로를 만들려고 해도 돈이 없었어. 그래서 외국에서 돈을 빌려 왔지. 주로 미국에서 돈을 빌렸는데 미국은 빌려 주는 돈을 조금씩 줄이려고 했어. 그때 서독(그때는 독일이 우리처럼 동독과 서독으로 나뉜 분단국가였단다.)이 간호사와 광부를 보내 주면 돈을 빌려 주겠다고 했어. 정부가 나서서 사람은 많고 식량과 일자리가 부족한 우리나라한테는 외국에 가서 일하는 것이 좋은 일이라고 널리 알렸어. 서독에 가기로 한 광부와 간호사들을 '훌륭한 민간 외교관'이라고 추켜세웠단다. 여성들은 돈 벌기에 더없이 좋은 기회라고 생각했지.

 서독에 간 간호사들은 참 대단했어. 그이들은 낯선 땅에서 고향에 있는 식구들을 생각하며 열심히 일했어. 그리고 먹고 잠자는 데 드는 돈

돌아온 간호사 독일에 갔던 간호사와 광부들이 고국을 찾아왔다. 그때 독일에 간 간호사들은 월급이 우리 돈으로 2만 8천 원이었어. 교사들 한 달 월급이 1만 5천 원이었을 때니까 꽤 많은 돈이었단다.

을 빼고 나머지는 모두 고향에 보냈지. 그 돈은 동생들 학비도 되고, 형제들 장사 밑천도 되었어. 이모할머니도 형제들에게 도움을 많이 주었대.

독일로 간 간호사들이 번 돈은 나라 밖에서 돈벌이가 없던 우리나라 경제에 큰 도움이 되었단다. '한강의 기적'이라고 했을 만큼 우리나라 경제가 빠르게 발전한 데는 바로 독일로 간 간호사들, 광부들도 한몫을 한 거야.

가발 공장의 노동자 김경숙

지금은 서울에서 큰 공장을 찾아보기 힘들지만 이때는 옷이나 가발 그리고 과자를 만드는 공장이 많았어. 농촌에서 올라온 여성들이 공장에서 일을 했지. 가발 공장에서 일했던 한 여성을 만나 보자.

끌려가는 여성 노동자들 1979년 8월 11일, 기동 경찰이 농성하던 와이에이치(YH) 무역 주식회사의 여성 노동자들을 끌어내고 있어.

😊 오늘은 김경숙 언니를 만나러 왔습니다. 안녕하세요?

김경숙 안녕하세요? 나는 와이에이치(YH) 무역 주식회사에서 일하는 여성 노동자예요. 내가 일하는 곳은 가발 공장입니다.

😊 언제부터 공장에서 일했나요?

김경숙 나는 공부를 많이 못 했어요. 집이 가난해서 초등학교 졸업하고 곧장 공장에 들어가서 일했으니까 열네 살 때 서울로 올라왔어요. 서울에 와서 여러 공장을 다니다가 1976년 지금 공장에 들어왔어요.

😊 처음 들어왔을 때 기분은 어땠나요?

김경숙 어릴 때 아버지가 돌아가셔서 어머니가 행상을 했어요. 어머니가 혼자 벌어서는 동생 공부시키는 것도 어려워요. 열심히 일해서 어머니를 도와주고 싶고 동생이 대학교까지 갈 수 있도록 해 주고 싶었죠. 내가 들어온 회사는 굉장히 큰 회사라서 나는 꼬박꼬박 저금해서 내 꿈을 이루고 싶었어요.

그런데 열심히 일해서 식구들을 도와주고 싶다던 김경숙 언니는 그 꿈을 이루지 못했어. 어느 날 갑자기 사장이 회사 돈을 빼돌려 미국으로 가 버리고 공장은 문을 닫았단다. 김경숙 언니와 동료 노동자들은 신민당 당사에 모여 항의를 했지만, 밀어닥친 경찰들 앞에서 해산당했어. 그 과정에서 김경숙 언니는 숨진 채로 발견되었단다. 그때 나이는 스물한 살. 김경숙 언니는 어떤 생각을 하고 어떤 꿈을 꾸며 살았을까? 김경숙 언니와 비슷한 처지에 있었던 어느 노동자가 남긴 글을 보자.

> 난 노동자입니다. 전 공순이란 말이 부끄럽지 않습니다. 만일 우리 라인에서 내가 빠져 버린다면 큰 지장을 가져옵니다. 나 한 사람이 빠져도 그런데, 만일 모든 라인 사람들이 빠진다면 회사는 운영을 하지 못하게 됩니다. 아무리 사무직원들이 볼펜 굴리고 목에 힘을 주고 우리 앞을 왔다 갔다 할지라도 우리가 없으면 그 사람들은 굶어야만 합니다. 그러므로 난 자부심을 갖고 있습니다. 비록 각 개인의 힘은 약할지라도 우리 하나하나가 모여 커다란 힘이 이룩될 때에는 아무리 어려운 일이라도 능히 헤쳐 나갈 수 있습니다. 난 공순이입니다.

1970년대에는 공장에서 일하는 여성 노동자를 공순이라고 하면서 업신여겼단다. 이 글을 쓴 사람은 스스로 공순이라고, 노동자라고 말하면서 자랑스러워하고 있구나. 공장에서 일하는 사람들이 없으면 사무직원도, 사장도 있을 수 없어. 일하는 사람은 모두 사회에 꼭 필요하고 소중한 존재란다.

"저도 동생을 갖고 싶어요"

'가족계획'이란 말 들어 보았니? 경제 발전을 위해서 나라가 나서서 아이 낳는 일을 홍보하는 일이야. 그런데 가족계획은 시대에 따라 달라졌어. 요즘에는 아이를 많이 낳으라고 하잖아. 엄마가 어렸을 때에는 적게 낳으라고 했단다. 그 시절 표어들을 보면서 가족계획이 어떻게 변했는지 알아보자.

낳아라! 불려라! 길러라!(1930~1950년대)

일본은 1930년대 들어 중국과 태평양에서 전쟁을 일으켰어. 전쟁을 하려면 군인이 필요했기 때문에 인구를 늘려야 한다고 생각했어. 일본은 이 표어를 내걸고 자녀를 열 명 넘게 낳으면 상을 주었지. 이런 정책은 해방되고 대한민국이 세워진 뒤에도 바뀌지 않았어. 전쟁으로 사람들이 많이 죽고 북한과 계속해서 싸우려면 인구가 많아야 한다고 생각한 거야.

세 살 터울로 세 자녀만 낳자!(1960년대)

아이를 많이 낳다 보니 인구가 크게 늘었어. 식량과 일자리는 모자라는데 인구가 계속 늘어나니 나라 경제에 큰 부담이 되었지. 1960년대 정부가 주도하여 경제 개발 계획을 시작하면서 가족계획 정책도 함께 펼쳤어. 처음에는 "알맞게 낳아서 훌륭하게 기르자."는 구호로 시작했는데 1960년대 중반에는 "세 살 터울로 세 자

가족계획 포스터 1962년부터 경제 개발 계획의 하나로 가족계획을 시작했는데 3퍼센트나 되던 인구 증가율이 1970년대 초반 2퍼센트 이하로 줄었어.

녀만 35세 이전에 낳자."는 구호로 바뀌었지.

딸 아들 구별 말고 둘만 낳아 잘 기르자.(1970년대)

가족계획 사업을 시작한 뒤에도 사람들은 여전히 아이를 많이 낳았어. 정부는 방송, 신문, 잡지 같은 모든 수단을 이용해 가족계획 사업을 알렸지. 우표, 담뱃갑, 극장표나 길거리 담벼락, 심지어는 대문에까지 "적게 낳아 잘 키우자.", "딸 아들 구별 말고 둘만 낳아 잘 기르자." 같은 표어와 포스터를 붙였단다. 또 1976년에는 아이를 하나나 둘만 낳은 집은 세금을 줄여 주었어.

20년 가까이 가족계획 사업을 계속한 결과 아이들 수가 많이 줄었어. 1960년대 초에는 한 집에 아이가 평균 6명이었는데, 1970년대 후반에는 3.2명으로 줄어들었지.

잘 키운 딸 하나, 열 아들 부럽지 않다.(1980~1990년대)

1980년대 들어와서는 둘도 많으니 이제는 하나만 낳자고 말했단다. 이때 한 집에서 낳는 아이 수가 2.1명으로 크게 낮아졌어. 20년 넘게 계속된 가족계획 정책 때문이기도 하고 여성들이 옛날 여성들처럼 아이를 많이 낳고 기르는 일을 바라지 않기 때문이야. 그런데 아들을 꼭 낳아야 한다는 생각은 크게 바뀌지 않았어. 임신한 아이가 남자인지 여자인지 알아보고 여자아이면 낙태시키는 일도 벌어졌단다. 그 때문에 남자의 수가 많아졌어. 이를 '성비 불균형'이라고 해. 1990년에는 태어난 아기 가운데 여자아이는 300,100명, 남자아이는

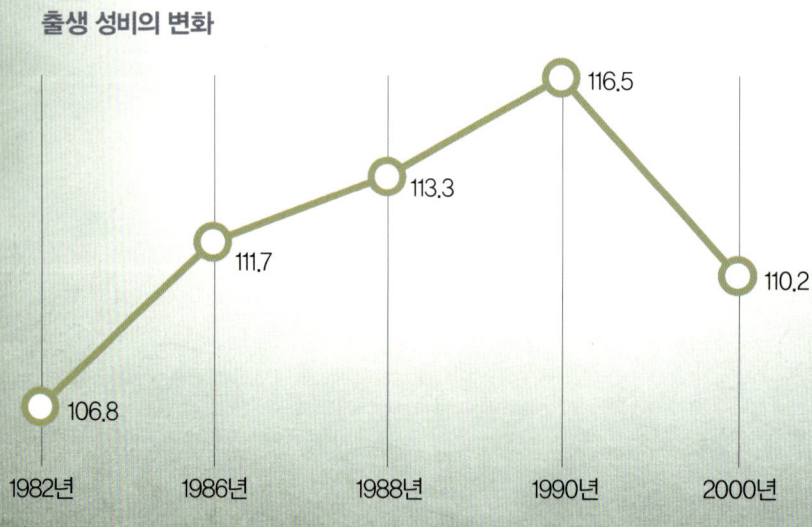

출생 성비의 변화

* 출생 성비는 '여자아이 100명 당 남자아이의 수'란다.

349,628명으로 남자아이가 무려 5만 명 가량 더 많았단다.

아빠! 혼자는 싫어요. 엄마! 저도 동생을 갖고 싶어요.(2000년대)

오늘날에는 아이를 둘 낳으면 유치원 보내는 데 드는 돈을 정부에서 도와주겠다, 셋 이상 낳으면 세금을 적게 내게 하겠다는 정책까지 내걸었어. 십여 년 전과는 판이하게 달라졌지. 사람들 평균 수명이 길어지면서 노인 인구는 늘어나고 있지만 새로 태어나는 아이들이 너무 적어서 인구 균형이 맞지 않고, 전체 인구 수도 줄어들고 있기 때문에 정책이 다시 바뀌었단다.

아이를 낳고 키우는 일은 여성 개인이나 가정의 문제만은 아니야. 아이들은 다음 세대를 이어 갈 사람들이지. 다음 세대를 키우는 것은 사회가 함께 책임을 져야 하는 일이야.

7_지금 대한민국의 여성들은

행복한 가정도 어느 한 가지 모습으로 정해져 있는 게 아니지. 엄마와 살든, 할머니와 살든, 엄마가 다른 나라 출신이든 다양하게 가정을 이루고 사는 사람들이 모두 행복하게 살았으면 좋겠구나. 사람들은 모두 행복하게 살고 싶어 해. 어느 누구도 그 행복을 방해할 수 없는 거야.

희준아, 우리는 그동안 한국사 속 수많은 여성들을 만났어. 여성들이 열심히 일하고 평등한 세상을 꿈꾸며 살아왔기 때문에 지금 우리가 있는 거야. 이제 마지막으로 오늘을 살고 있는 우리들 모습을 들여다보자꾸나.

여성의 몸

 요즈음 희준이와 네 친구들은 몸이 조금씩 달라지는 데 관심이 많이 갈 거야. 낯설기도 하고, 신기하기도 하겠지.
 어릴 때는 여성과 남성의 겉모습이 별로 다르지 않아. 사춘기에 들어서면서 남성과 다르게 여성의 가슴은 점점 커지지. 가슴만 아니라 엉덩이도 커지고 겨드랑이와 생식기 둘레에 털도 생긴단다. 그리고 월경도 하게 돼.

월경은 한 달에 한 번씩 자궁에서 출혈이 생기는 건데 달거리라고도 해. 맨 처음 하는 월경을 초경이라고 하지. 초경은 대개 열한 살에서 열네 살 때 하는데 사람마다 다르기 때문에 이르게 시작하는 사람도 있고 좀 늦게 하는 사람도 있어.

엄마는 어렸을 때 월경에 대해 잘 알지도 못했고 알려 주는 사람도 없었어. 월경이라는 말을 꺼내지도 못하게 했을 정도야. 왜 그랬을까?

월경은 나라마다, 시대마다 조금씩 다르게 생각했어. 서양 의학에서는 월경이 몸을 약하게 만드는 원인이라고 했어. 그래서 월경을 병으로 여겼단다. 월경을 하고 있는 여성은 병을 앓고 있다고 했지. 공부를 많이 했다는 학자나 의사들까지도 월경을 이렇게 설명했어. 월경을 하는 동안 여성들은 보통 때와 마음이 달라서 도둑질을 하거나 남한테 못된 짓을 하고, 자살을 하기도 한다고 말했어. 딸을 둔 어머니들에게 딸이 초경을 하면 갑자기 변할 수도 있으니 미리 준비하라고 했단다. 이런 생각이 일제 시대에 일본을 통해 우리나라로 들어왔지.

사춘기 때 일어나는 변화는 여성들만 겪는 게 아니야. 남성들도 이 나이가 되면 몸에 여러 가지 변화가 일어나거든. 이때는 여성이든 남성이든 몸과 마음이 변화하면서 혼란스러워져 어른들과 자주 부딪치는 일이 생겨. 그런데도 월경을 병으로 여기고 여성들만 이상해진다고 말한 거야.

그래서 여성들은 월경을 하는 동안 가능하면 조용하게 아무에게도 알리지 않고 지내야 했어. 이 때문에 엄마 세대 어른들은 월경을 하는 날이 다가오면 긴장하기 시작했어. 월경을 할 때는 인상을 찌푸리거나 신경질을 내기도 했지. 월경을 할 때 몸이 조금 불편하기는 했지만 신

초경 잔치

몇 년 전에 거리를 걷고 있었는데 길가에 생리대가 걸려 있는 걸 본 적이 있어. 생리대에는 초경 때 겪은 일이 큰 글씨로 쓰여 있었지. 엄마는 한순간 너무 당황했단다. 언제나 남이 볼까 봐 숨겨야 했던 물건이 모든 사람들이 보는 길거리에 걸려 있으니까 당황스러웠던 거야.

이 행사는 초경 잔치의 한 장면이었어. 초경 잔치는 월경에 대한 나쁜 이미지를 버리고 자연스러운 과정으로 받아들이자는 뜻에서 여는 거야. 그리고 자신이 몸의 주인이라는 생각을 일깨워서 자신의 몸을 사랑하자는 뜻도 있지.

경질을 낼 정도는 아니었는데 아마 월경하는 것을 두려워하고 귀찮아하는 마음 때문에 그랬던 것 같아.

요즘에는 초경을 시작하면 축하 잔치도 하던데, 참 반가운 일이야. 분명히 월경을 시작하는 것은 축하받을 일이거든. 우리 몸이 건강하게 성장하고 있다는 표시잖아.

몸을 소중하게 생각하면서 '성폭력'이 어떤 것인지 분명하게 알게 되었고 용기 있게 자신의 몸을 지키는 방법도 서로 터놓고 이야기하게 되었어.

상대방이 원하지 않는데, 자신만 즐겁기 위해 강제로 하는 모든 행위를 성폭력이라고 말해. 억지로 몸을 만지거나 강제로 껴안기, 입 맞추기, 옷 벗기기, 생식기 부분 만지기 같은 것들이 성폭력이야. 여자 어린이뿐만 아니라 남자 어린이가 당하는 경우도 마찬가지야.

엄마는 어릴 때 성폭력이란 말을 듣지 못했어. 그때는 성폭력이 무엇인지도 모른 채 '다 어린이를 예쁘게 봐서 그런다.'고 여겼어. 한술 더 떠서 어떤 아이가 성폭력을 당했을 때도 그 아이가 행동을 똑바로 하지 못해서라고 생각했지. 그래서 그때는 성폭력을 당해도 아무에게도 말할 수 없었단다. 치유하기 어려운 상처를 혼자 감당해야 했고, 피해를 입은 피해자인데 마치 죄를 지은 사람처럼 생각하며 숨겨야 했지.

어린 싹이 잘 자라야 열매를 맺듯이 우리도 건강한 어른이 되기 위해서는 자기 몸을 잘 알고 소중하게 다루어야겠지. 그러면 더 나아가 옆에 있는 동무도 존중할 수 있는 마음을 가지게 될 거야.

평생직장은 옛말이라니까요

오늘날 일하는 여성들이 더욱 많아졌어. 2006년 조사에 따르면 직장에서 일하는 여성은 전체 여성 가운데 50퍼센트나 된대. 이 비율은 다른 나라보다 낮지만 그래도 예전보다는 훨씬 높아졌지.

그럼 여성들은 어떤 분야에서 일하는 걸까?

물품을 만드는 제조업이나 은행, 교육, 사회 복지 사업 그리고 서비스업 분야에서 가장 많이 일한대. 선생님으로 일하는 여성들은 해마다 늘어나 2006년에 초등학교 선생님 가운데 여성이 72퍼센트였고, 의사나 한의사가 되는 여성도 해마다 늘어나고 있어. 2007년에는 외무

고시에 합격한 여성이 전체 합격자 가운데 70퍼센트이고 행정 고시에서는 50퍼센트가 여성이었어. 또 수는 적지만 여성 가운데 조종사, 축구 심판도 있어.

여성이라고 못 하는 일은 없지. 우리가 직업을 결정할 때 남성과 여성이라는 성의 차이는 중요한 게 아니야. 자기에게 맞는 일이 무엇인지, 무엇을 하면 행복하게 일하며 살 수 있는지 생각하면 돼.

일하는 여성이 늘어나면서 기쁜 소식도 많지만 나쁜 소식도 많아.

작은 가게나 큰 마트, 식당 같은 곳에 가면 일하는 사람들이 대부분 여성들이잖아. 그이들 대부분이 비정규직 노동자야. 비정규직이란 정규직이 아닌 직업인이야. 정규직은 퇴직할 나이가 될 때까지 일할 수 있는 권리를 보장받는 거야. 퇴직할 나이는 55세에서 65세까지로

여성 국제 축구 심판 왼쪽은 우리나라 첫 여성 국제 축구 심판 임은주, 오른쪽은 북한의 축구 심판 홍금녀야. 이렇게 여성들은 새로운 분야에 도전하고 있단다.

'비정규직 여성 노동자를 보호하라' 여성 단체 회원들이 '비정규직 노동자를 차별하지 말라'고 외치고 있어. 비정규직 여성 노동자들의 권리를 보장받기 위해 애쓰는 거란다.

직업에 따라 조금씩 다르지만 그 나이가 될 때까지 스스로 그만두지 않는 한 일터에서 계속 일할 수 있는 거야. 그래서 '평생직장'이라는 말도 있지.

비정규직은 정규직과 똑같은 일을 하고도 임금을 적게 받는 경우가 많아. 비정규직은 남성이든 여성이든 어느 직업에서든지 늘어나고 있어.

이제 집 밖에서 일하는 여성은 늘어나는데, 여성들을 많이 고용하는 일자리들이 대부분 비정규직이라서 평생직장은 옛말이 되었단다.

하지만 희준아, 그렇다고 너무 낙담하지 마!

우리 역사에는 전쟁을 겪고도 절망하지 않고 희망을 꿈꾸었던 할머니들이 있고, 힘든 공장 일도 식구를 생각하면서 견디어 냈던 언니들이 있잖아. 지금 곳곳에서 비정규직을 위해 많은 사람들이 애쓰고 있어. 우리가 지금까지 이야기를 들으면서 한 가지 배운 게 있잖아. 머리를 맞대고 힘을 모으면 이겨 낼 수 있다는 것. 그래, 다 같이 힘을 모아 애쓰니까 희망이 있는 거야.

새로운 이웃

요즈음에는 우리와 피부색이 다르고 다른 언어를 쓰는 사람들을 많이 볼 수 있어. 국경을 넘어 다른 나라로 일하러 가는 노동자를 이주 노동자라고 한단다. 1980년대까지만 해도 우리나라 노동자들이 일하기 위해 다른 나라로 떠나는 경우가 많았어. 요즘에는 우리나라를 찾는 이주 노동자가 많아졌단다. 이 가운데는 여성도 많아. 여성 이주 노동자들은 대부분 가사 도우미, 서비스업 노동자, 공장 노동자로 일하지.

이주 노동자들이 처음 우리나라에 올 때는 법으로 보호받을 수 있는데 얼마 지나지 않아서 대부분 불법 이주 노동자가 된단다. 왜냐하면 처음 들어올 때 일할 곳과 기간을 정해 두기 때문이야. 정해진 기간을 넘기거나 일하기로 한 직장을 떠나면 법이 보호해 주지 않아.

불법 이주 노동자가 경찰이나 단속하는 사람들에게 붙잡히면 우리나라에서 쫓겨난단다. 고용주들은 이런 사정을 이용해서 이주 노동자들에게 임금을 안 주거나 때리는 경우도 있어. 이주 노동자들은 억울한 일을 당해도 도와 달라고 할 데가 없어. 그들이 법을 어긴 처지로 우리 땅에 있기 때문이야. 불법 이주 노동자가 여성인 경우에는 훨씬

차별 없는 세상을 향해! '세계 이주민의 날 한국 대회' 모습이야. 이주 노동자들이 차별을 없애자고 외치고 있어.

심한 일을 겪기도 해. 성희롱이나 성폭력을 당하는 경우가 있어.

돈을 벌기 위해 서독으로 간 우리나라의 광부들이나 간호사들을 생각해 봐. 우리나라 노동자든, 외국인 노동자든 모두들 좀 더 잘살기 위해 일자리를 찾아 나선 거야. 그리고 어디서든 맡은 일을 열심히 하며 살아가지. 피부색이 다르다고, 우리말이 서툴다고 손가락질을 받을 이유가 없어.

부끄러운 일이지만 찬드라 쿠마리 구룽 씨 이야기를 해야겠구나. 찬드라 씨는 네팔에서 온 이주 노동자였어. 서울에 있는 섬유 공장에서 일하고 있었지. 1993년 어느 날 찬드라 씨는 식당에서 사람들이 싸우는 데 휘말려서 경찰서에 가게 됐어. 경찰들은 우리말이 서툰 찬드라 씨를 행려병자로 잘못 알고 정신 병원으로 보내 버렸어. 찬드라 씨는 정신 병원에서 6년 4개월 동안이나 갇혀 있었어. 멀쩡한 사람을 정신 병원에 가두다니 있을 수 없는 일이야. 한 사람이라도 진정으로 찬

《말해요, 찬드라》 찬드라 씨와 같은 외국인 노동자들의 이야기를 담은 책이야.

드라 씨 눈을 들여다보며 천천히 말을 걸었다면 그런 일은 생기지 않았을 거야. 우리는 찬드라 씨에게 씻을 수 없는 상처를 주었어. 그런데도 처음에는 찬드라 씨에게 제대로 사과도 하지 않고 위로금도 조금밖에 주지 않았어. 시민 단체에서 찬드라 씨 이야기를 알려서 나라를 상대로 재판도 하고 모금 운동도 했지. 법원에서는 정부가 찬드라 씨에게 2,860만 원을 보상금으로 줘야 한다고 판결했어. 그 돈으로 상처받은 찬드라 씨 마음을 제대로 위로할 수는 없겠지만 그래도 다행스러운 일이야.

찬드라 씨도 자기네 마을, 자기네 가정에서는 귀한 여성이고, 귀한 딸이야. 희준이가 엄마에게 소중한 딸인 것처럼 말이야. 우리나라에 와 있는 이주 노동자들도 모두 자기네 집에서는 둘도 없는 아들이고, 딸이지.

네팔에서 온 찬드라 씨를 정신 병원에 보내는 대신 우리 친구로 맞아들였다면 우리는 네팔을 여행하는 기분으로 찬드라 씨한테서 네팔 이야기를 들을 수 있었을 거야. 네팔 여성들은 어떤 일을 하고 싶어 하는지, 네팔에는 어떤 여장군 이야기가 있는지, 마고할미 같은 창조 여신이 네팔에도 있는지. 낯선 나라에서 온 친구들은 우리에게 새로운 세상을 선물해 주는 멋진 친구가 될 수 있어. 우리가 마음을 활짝 열기만 한다면 말이야.

행복을 꿈꾸는 여러 가족들

우리는 '가족' 하면 엄마, 아빠와 아이들이 함께 사는 모습을 떠올리지. 하지만 우리가 생각하는 가족의 모습은 전체에서 절반도 안 된다는구나. 2005년 인구 조사 기록을 보면 부모와 함께 사는 가족은 47.1퍼센트야. 그럼 사람들은 어떻게 가족을 이루며 살고 있을까? 먼저 할머니, 할아버지, 엄마, 아빠, 아이들로 이루어진 대가족이 있어. 그리고 자녀들이 엄마 또는 아빠하고만 사는 한 부모 가족, 이혼을 한 부모님이 다른 사람과 재혼을 해서 새롭게 가족이 되는 재혼 가족, 노인 부부 가족, 아이를 낳지 않는 부부 가족, 혼자 사는 나 홀로 가족, 결혼은 하지 않고 함께 사는 동거 가족처럼 아주 다양해.

한 부모 가정은 점점 늘고 있어. 앞으로도 늘어날 거라고 하는구나. 희준이네 반에도 한 부모 가정의 아이가 있다고 했잖아. 엄마나 아빠가

한국어를 배우는 이주 여성 베트남에서 온 이주 여성이 한국인 대학생에게 우리말을 배우고 있어.

없다고 해서 무언가 모자라는 생활을 하거나 잘못된 게 아니야. 오히려 한 부모 가정을 문제가 있는 가정이라고 편견을 가지고 보는 사람들 시선이 잘못이지.

우리나라에 살고 있는 외국인 여성 가운데는 우리나라 남성과 결혼하기 위해 온 경우가 많아. 우리나라 남성과 결혼한 여성은 이제 외국인이 아니라 한국인이란다. 이 여성들은 말도 통하지 않은 낯선 나라에 와서 힘들게 적응하고 있지. 국제결혼을 해서 가정을 이룬 경우를 다문화 가정이라고 해.

이제 점점 우리나라에는 다문화 가정이 늘어날 거야. 어느 통계를 보면 2020년에는 다문화 가정에서 태어난 아이가 다섯 명 가운데 한 명일 거래. 다섯 명 가운데 한 명이라면 우리 동네 어디에서나 만날 수 있어. 부산에 있는 아시아 공동체 학교에 다니는 선호가 2학년 때 쓴 글을 함께 보자.

> 우리 엄마는 네팔에서 태어나서 20살까지 살다가 아빠를 만나서 결혼했다고 합니다. 엄마는 네팔 말로 아빠는 한국말로 전화 통화를 했다고 합니다. 서로 귀여운 목소리에 반했다고 합니다. 어떻게 통했을까요? 그것이 궁금합니다.

짧은 글이지만 선호 엄마, 아빠가 서로 사랑하는 마음이 느껴져. 선호 엄마는 네팔에서 왔어. 이름은 두루가 쿠마리 어디까리. '어디까리'는 성이고 '두루가 쿠마리'가 이름인데 보통 두루가라고 부른대. 두루가는 악귀를 죽이는 여신이라는구나. 팔이 열 개이고 호랑이를 타고 다닌대. 용감하고 멋진 여신 모습이 그려지네. 두루가 씨는 네팔 시골 마을에서 태어나 스무 살까지 살다가 선호 아빠를 만나러 태어나서 처음으로 비행기를 타고 우리나라에 왔어. 두루가 씨는 그때 어디서 그런 용기가 나왔는지 모르겠다고 웃으면서 말해. 선호 엄마랑 아빠는 서로 다른 부분을 열심히 배우면서 행복한 가정을 이루며 살고 있어.

　행복한 가정도 어느 한 가지 모습으로 정해져 있는 게 아니지. 엄마와 살든, 할머니와 살든, 엄마가 다른 나라 출신이든 다양하게 가정을 이루고 사는 사람들은 모두 행복하게 살고 싶어 해. 어느 누구도 그 행복을 방해할 수 없는 거야. 우리와 다르다고 해서, 나와 다르다고 해서 손가락질한다면 그것은 그 사람이 행복하게 살 수 있는 권리를 빼앗는 거야.

　원시 시대부터 지금까지 세상은 늘 변화해 왔어. 사람들은 변화를 만들어 가기도 하고 받아들이기도 하면서 더 좋은 세상을 만들려고 애썼어. 그렇다면 지금 우리도 다양한 사람들이 행복하게 살 수 있는 세상을 만드는 데 힘을 보태야 하지 않을까?

호주제 폐지

호주는 한 집의 가장을 말해. 호주는 남자로만 이어졌어. 할아버지에서 아버지, 아버지에서 큰아들, 다시 큰손자로 말이야. 어머니와 다른 자식들은 호주의 아래에 속하는 거야. 여성들은 결혼 전에는 아버지의 호적에, 결혼 뒤에는 남편의 호적에만 들어가야 했어. 남편이 죽은 뒤에는 큰아들이 아무리 어려도 호주가 되는 거야.

조선 시대 호적은 만약 자식이 따로 살면 그 자식은 따로 호적을 만들었어. 그리고 남편이 죽으면 아내가 집안을 대표했지. 그럼, 우리의 전통과 어긋나는 호주제는 언제 생겼을까? 일제 시대에 생겼단다. 일본은 우리나라 사람들을 쉽게 지배할 속셈으로 호주인 아버지에게 모든 식구들을 속하게 한 거야. 일제 때 만들어진 호주제가 우리나라 전통처럼 가족법에 포함되었던 거지.

더구나 이혼한 여성은 자녀와 같은 호적에 없으므로 법률로 부모라는 것을 인정받지 못했어. 그래서 사람들은 오랫동안 호주제를 없애야 한다고 주장했고. 결국 호주제는 2008년 1월 1일부터 없어졌단다.

호주제 폐지 2005년 3월, 민법 개정안 가운데 호주제 폐지 법률안이 국회 본회의에서 통과되자 본회의장 앞에서 여성 단체 대표들이 만세를 부르고 있어. 여성 단체에서 오랫동안 요구했던 가족법 개정 운동 가운데 하나인 호주제가 폐지된 거야. 이 법은 2008년 1월 1일부터 시행되었단다.

여성상 바로잡기

우리나라에서 미인 대회가 처음 열린 때는 1953년이야. 한 신문사에서 전쟁으로 어려워진 나라의 분위기도 바꾸고 신문사를 널리 알리기 위해 미인 대회를 열었단다. 세계 미인 대회에 나갈 미인을 뽑는 미스 코리아 대회는 1957년에 시작되었어. "대한 여성의 진선미를 세계에 자랑할 미스 코리아 선발"이라는 포스터가 나왔지. 이때부터 겉모습이 서양 사람들과 비슷한 여성을 미인이라고 했어. 키

안티 미스 코리아 1999년에 처음으로 안티 미스 코리아 대회가 열렸단다. 이 대회에서는 우리들의 생각이 다 다르듯이 몸도 얼굴도 다 다르다는 것을 보여 주었지. 그리고 있는 그대로의 우리 모습을 사랑하자는 뜻을 나타냈어. 뚱뚱한 몸이나 한쪽 다리가 불편한 몸, 작은 키와 얼굴이 큰 모습……. 사진은 2002년에 열린 안티 미스 코리아 대회야. 휠체어를 탄 남성과 건강한 여성이 함께 팔을 올리고 하트 모양을 만들고 있구나. 자기의 모습을 있는 그대로 사랑하는 멋진 사람들이야.

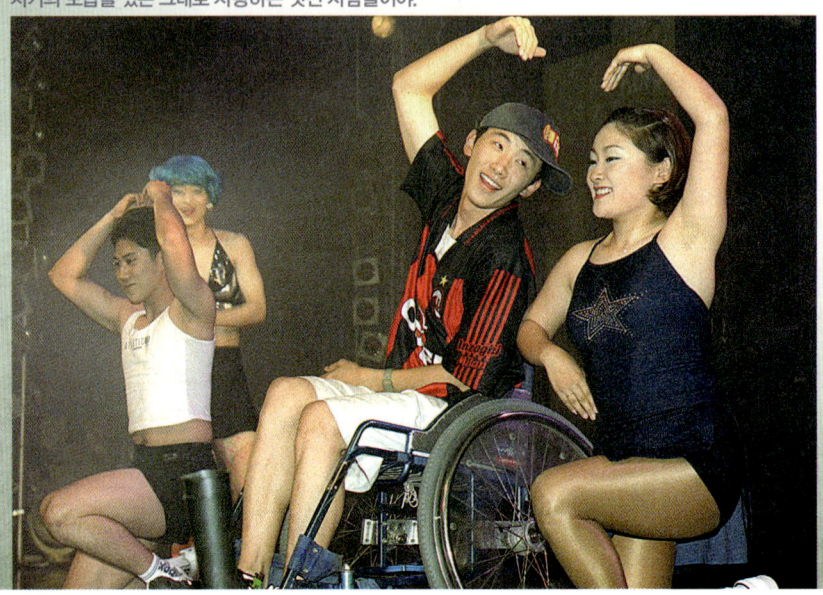

가 커야 하고, 얼굴은 작아야 하고, 다리와 허리는 가늘어야 하지. 나중에는 이런 조건들을 숫자로 표시했어. 키는 174센티미터 이상에 몸무게는 50킬로그램 따위로 말이야. 눈은 크면서 쌍꺼풀이 있어야 하고, 코는 오뚝해야 했지. 미스 코리아 선발 대회 같은 미인 대회를 사람들이 좋아하고 정부가 관심을 가지자 다양한 미인 대회가 열리기 시작했단다. 미스 각선미 대회, 미스 해병 대회, 고추 아가씨 또는 귤 아가씨 선발 대회……. 1964년에는 어린이들이 참여하는 리틀 미스 코리아 대회도 열렸어.

통 큰 언니들 다 모여라 2007년에 있었던 '빅 우먼 패션쇼'야. 여성 문화 예술 기획이 주최한 행사야. 사람을 겉모습만으로 판단하는 것은 잘못된 거야. 자로 잰 듯 사람 몸을 숫자로 매겨서 어느 정도가 되어야 미인이라고 정하는 것도 말이 안 되는 일이야.

1990년 중반 우리나라의 미인 대회는 백 개가 넘을 정도로 많았어. 미스 코리아만 되면 부와 명예를 얻을 수 있다고 생각했어. 그래서 미인 대회에 나가기 위해 성형 수술을 하기도 했지.

1990년대 들어 미인 대회를 반대하는 운동이 일어났어. 외모만 중요하게 여기는 여성상을 바로잡기 위해서였어. 하지만 지금도 여전히 미인 대회가 열리고 있고, 스스로 못생겼다고 생각하며 열등감에 시달리는 여성들이 많아.

희준아, 이 세상에 나랑 똑같이 생긴 사람은 없어. 한 사람, 한 사람은 모두 저마다의 아름다움을 가지고 있어. 세상에 단 하나밖에 없는 존재이기 때문에 사람은 누구나 아름답고 귀하단다.

참고 도서

《20세기 여성 사건사》 길밖세상, 여성신문사
《20세기 여성, 전통과 근대의 교차로에 서다》 국사편찬위원회편, 두산동아
《계집은 어떻게 여성이 되었나》 이임하, 서해문집
《고려의 혼인제와 여성의 삶》 권순형, 혜안
《교실 밖 국사여행》 역사학연구소, 사계절
《권인숙 선생님의 어린이 양성 평등 이야기》 권인숙, 청년사
《근대를 보는 창 20》 최규진(엮음), 서해문집
《꽃아 꽃아 문 열어라》 이윤기, 열림원
《딸은 아들이 아니다》 비프케 폰 타렌, 아이세움
《몽실 언니》 권정생, 창비
《민요 기행》 신경림, 산하
《발해사 연구 제3집》 연변대학출판사, 서울대학교출판부
《살아있는 우리 신화》 신동흔, 한겨레신문사
《신라 속의 사랑, 사랑 속의 신라》 신라사학회, 경인문화사
《우리 신화의 수수께끼》 조현설, 한겨레신문사
《우리 여성의 역사》 한국여성연구소 여성사연구실, 청년사
《우리 역사를 찾아서》 역사학연구소, 심지
《우리 역사의 여왕들》 조범환, 책세상
《우리나라 여성들은 어떻게 살았을까 1, 2》 이배용 외, 청년사
《이야기 여성사》 여성신문사편집부, 여성신문사
《인물 여성사》 박석분·박은봉, 새날

《조선 전기 혼인제와 성차별》 장병인, 일지사
《조선의 여성들, 부자유한 시대에 너무나 비범했던》 박무영·김경미·조혜란, 돌베개
《조선조 사회와 가족》 이이효재, 한울아카데미
《타임캡슐 우리 역사 1~40》 웅진
《한국 근세 여성사화》 이옥수, 규문각
《한국 여성 교육의 변화 과정 연구》 김재인 외, 한국여성개발원
《한국 여성 근대화의 역사적 맥락》 박용옥, 지식산업사
《한국 여성 문화사 2》 전경옥·변신원·김은정·이명실, 숙명여자대학교 아시아여성연구소
《한국 여성사 1, 2》 이화여자대학교 한국여성사편찬위원회, 이화여자대학교출판부
《한국 역사 속의 인물 상·하》 한국여성개발원
《한국 역사의 미인》 이수광, 영림카디널
《한국사 편지 1~5》 박은봉, 책과함께어린이
《한국생활사 박물관 1~12》 한국생활사박물관 편찬위원회, 사계절
《할머니 군위안부가 뭐예요》 한국정신대연구소, 한겨레신문사
《혼인과 연애의 풍속도》 국사편찬위원회편, 두산동아

참고 사이트

http://www.moge.go.kr (여성부)
http://www.koreanhistory.or.kr (한국역사정보통합시스템)
http://www.kwdi.re.kr (한국여성정책연구원)

사진 자료 제공

국립광주박물관 – [광박 200910-5] 쇠스랑 모양 나무 괭이 34

국립경주박물관 – [경박 200910-162] 신라 귀족상 63 | 임신서기석 69 | 등짐 진 토우 76

국립민속박물관 – 족두리 109 | 일제 시대 화장품과 신문 광고 160 | 피난촌 224 | 군복을 고쳐서 만든 저고리 226 | 1960년대 '국민학교' 교과서 231 | 국민복 240 | 가족계획 포스터 253

국립중앙박물관 – [중박 200911-533] 돌낫, 반달 돌칼 34 | 부처님 세계 95 | 염경애 묘지명 105 | 김홍도의 〈빨래터〉 133 | 신윤복의 〈어물 장수〉 134 | 김홍도의 〈베 짜기〉 135 | 〈연못가의 여인〉 144

목아박물관 – 제석신 31 | 산신(오른쪽) 35

서울대학교박물관 – 책을 읽는 여인 151

한국현대의상박물관 – 낙하산 천으로 만든 블라우스 226

강성철 – 사랑채와 안채 120

국립중앙도서관 – 이빙허각이 한글로 쓴 《규합총서》 152

나눔의집 / 일본군 '위안부' 역사관 – '우리 앞에 사죄하라!' 210

노정임 – 열녀문 숭정각 123

녹우당 – 윤두서의 〈나물 캐기〉 136 | 미인도 149

독립기념관 – 일본군 위안부 209

돌베개 출판사 – 평화시장 다락방 작업장 246

사계절 출판사 – 산신(왼쪽) 35 | 고려 시대에 만든 천 104

삶이보이는창 출판사 – 《말해요, 찬드라》 266

서울대학교규장각한국학연구원 – 상궁과 시녀 141

여성문화기획 불턱 – 초경 잔치 260

연합포토 – 풍납토성에서 발굴된 백제의 집터와 그릇 44 | 우량아 239 | 돌아온 간호사 249 | 여성 국제 축구 심판 262 | 차별 없는 세상을 향해! 265

장지영 – 제주도 오름 29

중앙포토 – 끌려가는 여성 노동자들 250 | '비정규직 여성 노동자를 보호하라' 263 | 한국어를 배우는 이주 여성 267 | 호주제 폐지 271 | 안티 미스 코리아 272 | 통 큰 언니들 다 모여라 273

홍영의 – 고려의 여인들 108

도서출판 책과함께는 이 책에 실은 모든 도판과 자료의 출처와 저작권자를 찾아 허락을 받기 위해 최선을 다했습니다.

허가를 받지 못한 일부 도판은 저작권자가 확인되는 대로 사용 허가를 받고 통상의 사용료를 지불하겠습니다.

한국 여성사 편지

1판 1쇄 2009년 12월 3일
1판 4쇄 2012년 5월 31일

글 이임하 **그림** 조승연

펴낸이 류종필
편집 이은희, 김나영, 이다정
교열 이혜숙
마케팅 김연일, 이혜지

디자인 DesignZoo

펴낸곳 도서출판 책과함께
주소 서울시 마포구 서교동 395-178 영산빌딩 201호
전화 02-335-1984 **팩스** 02-335-1316
전자우편 prpub@hanmail.net **블로그** blog.naver.com/prpub
등록 2003년 4월 3일 제25100-2003-392호

이 책의 저작권은 지은이 이임하와 도서출판 책과함께에 있습니다.
이 책의 내용을 이용하려면 저작권자와 출판사에게 모두 서면동의를 받아야 합니다.

이 도서의 국립중앙도서관 출판시도서목록(CIP)은
e-CIP 홈페이지(http://nl.go.kr/ecip)에서 이용하실 수 있습니다. (CIP제어번호 : CIP2009003633)

ISBN 978-89-91221-55-0 73900